Rathjen · Der defekte Rest

Friedhelm Rathjen

Der defekte Rest

Acht Recherchen und Rezensionen zur Biographie von Arno Schmidt

EDITION ReJOYCE

2021

rejoyce pocket
rjp 10

Bibliografische Information der Deutschen Bibliothek:

Die Deutsche Bibliothek verzeichnet diese Publikation in der Deutschen Nationalbibliografie; detaillierte bibliografische Daten sind im Internet über <www.dnb.de> abrufbar.

EDITION ReJOYCE Südwesthörn 2021
rejoyce@gmx.de
Satz, Titelfoto und Umschlaggestaltung: Friedhelm Rathjen
Herstellung: Books on Demand GmbH, Norderstedt
ISBN 978-3-947261-25-3

Inhalt

PräText:
Skrupel

Bevor ich die Leserschaft mit Biographica traktiere, seien mir einige ebenso persönliche wie grundsätzliche Bemerkungen gestattet, die ich meinen eigenen Skrupeln schuldig bin und die gerade in der Schmidt-Forschung sehr angezeigt sind. Daß ich von biographischen Schnüffeleien als philologischer Methode nichts halte, habe ich bei verschiedenen Gelegenheiten nachdrücklich vertreten. Es gehört zu den gravierenderen Mißverständnissen der Beschäftigung mit Literatur, sie unter Zuhilfenahme der Autorbiographie verstehen oder erklären zu wollen; die eigentliche Qualität literarischer Texte besteht gerade in dem, was mit solchen Versuchen nicht erfaßt werden kann. Wer meint, die Aufdeckung einer Kongruenz zwischen Werkmotiven und Lebensgeschichte erkläre irgend etwas am Text – in der Joyce-Philologie beispielsweise war solche Rückführung der Literatur auf das Leben einmal sehr verbreitet[1] –, verharmlost die Literatur. Eine ebensolche Verharmlosung ist aber auch umgekehrt eine Sichtweise, die das Werk zum Sprachrohr von des Autors Seelenleben reduzieren und aus den Texten die Schriftstellerbiographie rekonstruieren will[2], wobei ich mir bewußt bin, daß ich damit auch gegen einen bestimmten

---

1 Vgl. dazu den Aufsatz „Achtzig Jahre Bloomsday. James Joyce und die biographisch orientierte Forschung“ in meinem Buch *Dublin ➔ Bargfeld. Von James Joyce zu Arno Schmidt* (Frankfurt a.M.: Bangert & Metzler 1987), S. 7-20; ich bleibe ohne Abstriche bei der dort dargelegten Argumentation.

2 Ein schönes, schlimmes Beispiel ist Lyndall Gordon, *Virginia Woolf. Das Leben einer Schriftstellerin* (Frankfurt a.M.: S.Fischer 1987); vgl. dazu meine Rezension „Meine Kühnheit schreckt mich nicht. Virginia Woolf“ in *frontal* Nr. 3, Mai / Juni 1987, S. IV f.

Anwendungsbereich der Psychoanalyse polemisiere. Lebensbeschreibung ist keine philologische, sondern, wo sie gut ist, eine historische Methode und sonst ein journalistischer Erwerbszweig. Die einzige Biographie, die eine literaturwissenschaftliche ist, ist die Werkbiographie, die vom Lebensweg des Autors abstrahiert und die Werkgenese im Zusammenhang der Gesamtproduktion eines Schriftstellers beschreibt.[3]

Dennoch kann eine Autorbiographie als *Hilfsmittel* der Philologie durchaus wertvoll sein, und zwar in zweierlei Hinsicht. Zum einen ist der Vergleich biographischer Einzelheiten mit autobiographisch gefärbten Motiven des Werks, wenn dabei die spezifische Differenz benannt wird, geeignet, die produktive Leistung des Autors zu bestimmen und Rückschlüsse auf die Textgenese zu erlauben; damit wird ein Zugang zu der den Texten unterlegten Ästhetik eröffnet. Zum anderen erlaubt natürlich nur die intime Vertrautheit mit dem Leben des Autors Aussagen zur Psychologie literarischer Produktion, die zwar strenggenommen auch keine literaturwissenschaftliche Angelegenheit ist, aber im Verein mit der Frage nach der Wirkung von Literatur das literaturtheoretisch relevante Problem der ästhetischen Kommunikation begründet.

Nun kennt das aber wohl jeder, auch der professionellste Wissenschaftler: wer sich intensiv mit einem literarischen Gesamtwerk beschäftigt, der interessiert sich auch für den, der's geschrieben hat – und sei dieses Interesse für die Interpretation der Texte noch so unerheblich. Das ist dem wissenschaftlichen Diskurs oft hinderlich, aber nichts weniger als unnatürlich; es hat seine Ursache nicht

---

[3] Auch hierfür ein Beispiel: das Kapitel „Biographische Anhaltspunkte" in Jean-Yves Tadiés Buch *Marcel Proust* (Frankfurt a.M.: Suhrkamp 1987), S. 315-435.

zuletzt darin, daß sich zwischen dem Urheber und dem Rezipienten eines Kunstwerks eben tatsächlich ein Kommunikationsprozeß abspielt[4] und jeder Kommunikationsakt das Ich des Kommunizierenden als einen seiner Inhalte mit einschließt. Wer redet, stellt immer auch sich selbst dar, und wer zuhört, sucht immer auch die Person seines Gegenübers zu fixieren; dies ließe sich verhaltenspsychologisch begründen, was ich mir freilich ersparen möchte. Bei Arno Schmidt ist diese kommunikative Dimension lange nicht so gering, wie das Klischee vom elitären Elfenbeintürmler vermuten lassen könnte. Schmidts Erzähler haben immer einen Adressaten im Blick – selbst der letzte Mensch der „Schwarzen Spiegel“ spricht noch direkt einen Leser an –; die Sprache Schmidts ist von den Erzählungen des *Leviathan* bis zum *Julia*-Typoskript auch in wirkungsästhetischer Hinsicht von ungeheurer Dichte. Die Intensität der Leserreaktion, die auch nach der Person des Autors greift, ist da nur folgerichtig; in diesem Prozeß bleibt der Leser nicht rezeptiv, sondern entwickelt eine eigene Kreativität, indem er – nach dem Beispiel des Meisters! – die wie besessen gesammelten Daten, Zahlen und Fakten als Stimulans seiner Imaginationskraft begreift. Was Schmidt initiiert, sind – in seiner Terminologie – ‚längere Gedankenspiele‘ im Kopf des Lesers. Als Indiz für das große wirkungsästhetische Potential des Werks von Arno Schmidt und für seinen nachhaltigen Appellcharakter nehme man denn auch Beiträge wie den über Schmidts Wohnungspläne in St. Jürgen; wer einen wie auch immer

---

[4] Wer sich für die vielfältigen Folgerungen interessiert, die sich aus der Auffassung des Verständigungsprozesses zwischen Autor und Leser als Kommunikationsakt ergeben, sei verwiesen auf meine Arbeit *Literatur als Kommunikation. Zur kommunikativen Dimension literarischer Erzähltexte* (M.A.-Arbeit Münster / Westf. 1985; inzwischen publiziert: Südwesthörn: Edition ReJoyce 2012).

gearteten Wert für die Werkinterpretation hineinzukonstruieren unternimmt oder gar einen Beitrag zur Schmidt-Forschung darin zu erblicken versuchen sollte, wird mit Verleumdungsklagen überzogen.

„Schmidt als Küster an St. Jürgen!“

1: Insel mit Küsterdienst

Nicht nur in seinem Werk, sondern auch mit seiner Lebensgeschichte ist Arno Schmidt immer wieder für eine Pointe gut gewesen, und wenn auch solche Pointen für die philologische Interpretation vollkommen irrelevant sein mögen, so läßt sich doch die voyeuristische Neugier, die auch der versierteste Textinterpret sich in schwachen Momenten eingestehen muß, immer wieder gern auf ihre Fährte locken. Gewiß nicht die unergiebigste dieser Pointen ist die, über die der aufmerksame Leser schon bei der Lektüre von *Zettel's Traum* stolpern konnte: „daBey wär' Ich, um 1 Hârmâl, wohlbestallter GlokknZieher zu Sankt=Jürgn gewordn!“[1] Daß diese Randnotiz kein bloßer Gag war, hat Wilhelm Michels dem verblüfften *BB*-Publikum späterhin bestätigt: „Bei Bremen, in Lilienthal, wurde ein Küster gesucht für St. Jürgen [...], und da hat Schmidt im Ernst erwogen, ob er dahin als Küster gehen sollte. Aber er hat's dann Gott sei Dank nicht gemacht.“[2] Welchen Umständen zum Dank es dazu nicht kam, werden wir noch genauer besehen; zuvor aber – vor allem für die Südländer unter den Lesern, die Schwierigkeiten haben werden, St. Jürgen in ihrem Autoatlas aufzuspüren – einige Worte zum Schauplatz. Der für Schmidt hochassoziative Ortsname Lilienthal ist bereits gefallen: in der

---

[1] Arno Schmidt, *Zettel's Traum* (Stuttgart: Goverts Krüger Stahlberg 1970), S. 1280 rm. – Verkapselt findet sich ein Hinweis sogar schon in „Goethe und Einer seiner Bewunderer“, in Bargfelder Ausgabe, Bd. I/2 (Zürich: Haffmans 1986), S. 189-220, hier S. 208: „Dabei wär' ich neulich um 1 Haar *Küster* geworden: wegen der prachtvollen Dienstwohnung! –“

[2] „Gespräch mit Wilhelm Michels“, in *Bargfelder Bote*, Lfg. 83-84 / Oktober 1984, S. 5-18, hier S. 8.

Tat gehört St. Jürgen seit der niedersächsischen Gebietsreform der sechziger und siebziger Jahre, die den kleinen Dörfern ihre Selbstverwaltung benahm, zu Lilienthal vor den (nordöstlichen) Toren Bremens, 10 km ostsüdost von Ritterhude. Schon im Jahre 1934 hat es eine erste Gebietsreform gegeben, die eine ganze Reihe von Dörfern und Einzelgehöften als St. Jürgen zusammenfaßte; zuvor bezog sich dieser Name nur auf das Ensemble von drei Gebäuden, das uns hier interessiert: Kirche, Pfarrhaus und Küsterhaus. Die Gebäude wurden, wie auch alle Bauernhöfe der weiteren Umgebung, auf einer ‚Wurt' erbaut, d.h. auf einem als Schutz gegen Hochwasser aufgeschütteten Hügel. Immerhin mehrere Meter über den aquaplanen Marschwiesen des Umlandes steht die Kirche, und ausweislich alter Photos wirkte die Gebäudegruppe zumindest vor sechzig Jahren, als ihr der Baumbestand noch nicht über den Kopf gewachsen war, wie ein verkleinerter Mont Saint Michel. Auch heute noch belegt die *Freizeitkarte Bremen / Oldenburg u. Umgebung* einer Zigarettenmarke St. Jürgen mit dem Beinamen „Insel im Grünen". Da Insularität jeder Art inzwischen zu einem der beliebtesten Sprachklischees für Schmidts Leben und Wirken geworden ist, sei auch noch hinzugefügt, daß Kirche und Pfarramt St. Jürgen nur über einen schmalen Fahrdamm zu erreichen sind, der schnurgerade durch die Wiesen führt, immerhin aber – wichtig für Literatouristen! – zur „Deutschen Märchenstraße" gehört.

2: Auf Wohnungssuche

Die detailliertesten Hinweise auf Arno Schmidts St.-Jürgen-Abenteuer finden sich bislang in seiner Korrespondenz mit Alfred Andersch und Helmut Heißenbüttel.

Ausgangspunkt war zur Jahresmitte '57 das Vorhaben einer Expedition Schmidts in den Norden, auf der eine

Wohnmöglichkeit aufgespürt werden sollte. „Ende nächster Woche fahre ich nach Norddeutschland; hoffentlich finde ich etwas“[3], schreibt Schmidt am 21.6. an Heißenbüttel, und am 9.7. dann: „Ende des Monats geht's auf Wohnungssuche! –“[4] Am selben Tag wird auch Andersch von dem Projekt in Kenntnis gesetzt: „ich werde mich in Norddeutschland um eine Wohnung bemühen – dann ist meine ‚schwere Stunde‘ wieder einmal gekommen; denn ‚Lilienthal‘ hängt mir schon, und nicht nur zum Hals, heraus!“[5] Dem Zusammenhang zwischen *Lilienthal* und der Suche nach einem Domizil werden wir noch häufiger begegnen; zunächst aber hat ein anderes Werkvorhaben Schmidts Vorrang: im Juli und August 1957 wird *Die Gelehrtenrepublik* geschrieben[6], und deswegen wird auch offenbar noch nichts aus der Reise. Heißenbüttels Anfrage vom 7.8. – „Wie weit sind Sie mit Ihrer Wohnungssuche gekommen? Haben Sie eine Mühle, ein Schloß oder ‚nur‘ eine Schäferhütte gefunden?“[7] – setzt zwar voraus, daß Schmidt in Norddeutschland war, doch dessen Antwort – „ich tappe leider immer noch völlig im Dunkeln“[8] – verträgt sich ebensogut mit Bernd Rauschenbachs Hinweis, im Tagebuch Schmidts seien für den fraglichen Zeitraum keine Reisen eingetragen, sondern erst „am 22./23.8.57 [...] ein Besuch bei den Eltern des mit

---

[3] Arno Schmidt, *Der Briefwechsel mit Alfred Andersch: Mit einigen Briefen von und an Gisela Andersch, Hans Magnus Enzensberger, Helmut Heißenbüttel und Alice Schmidt*, hg. v. Bernd Rauschenbach (Zürich: Haffmans 1985), S. 118 (Brief Nr. 132 v. 21.6.57).

[4] Ebd., S. 120 (Brief Nr. 135 v. 9.7.57).

[5] Ebd., S. 122 (Brief Nr. 136 v. 9.7.57).

[6] Datierung der Niederschrift nach der Bargfelder Ausgabe, Bd. I/2, a.a.O., S. 363.

[7] Schmidt, *Der Briefwechsel mit Alfred Andersch*, a.a.O., S. 126 (Brief Nr. 141 v. 7.8.57).

[8] Ebd., S. 126 (Brief Nr. 142 v. 10.8.57).

Schmidt befreundeten Malers Eberhard Schlotter in Bargfeld“[9].

Es liegt nahe, davon auszugehen, daß Schmidt sich bei Gelegenheit des Besuchs in Bargfeld auch um Wohnungsmöglichkeiten bemüht hat, sei es in der Bargfelder Gegend, sei es auch – etwa an dem sich anschließenden Wochenende (24./25.8.) – in anderen Regionen Norddeutschlands. Ein Brief Schmidts vom 10.9., den Andersch am darauffolgenden Tag beantwortet[10], hat sich leider nicht erhalten; in der Antwort Anderschs zumindest wie auch in Briefen Schmidts vom 19.9. und vom 23.9.[11] ist aber von der Wohnungssuche nicht mehr die Rede.

3: Briefwechsel um St. Jürgen

Ohne Vorankündigung serviert Schmidt Andersch dann am 9.10. ein neues Bulletin zur Wohnungsfrage, und damit kommt zum ersten Mal der Name St. Jürgen ins Spiel[12]:

> Lilienthal: in der Nähe ist eine beneidenswerte Wohnung frei! Nur Kirche & 2 Häuser (Pfarre & Küsterhaus). Ich könnte sie evtl. kriegen; unter der Bedingung, daß ich ‚Küsterdienste versähe‘. Eine ideale Lage: auf 5 km ringsum kein anderes Haus; im Norden der Sandrücken von Worpswede; im Süden das ‚Kirchfleet‘: Einsamkeit, Sumpfmoorheideflachland! 80 Mark Miete im Monat; allerdings ‚Der Tod als Freund‘ (Rethel; Sie wissen: wie er am Strang

[9] Ebd., S. 119 (Anmerkung des Herausgebers zu Brief Nr. 132 v. 21.6.57).

[10] Vgl. ebd., S. 127 (Brief Nr. 144 v. 11.9.57).

[11] Vgl. ebd., S. 128 f. (Brief Nr. 145 v. 19.9.57) bzw. S. 129-131 (Brief Nr. 147 v. 23.9.57).

[12] Ebd., S. 133 (Brief Nr. 149 v. 9.10.57).

zieht: ‚Küsterdienste‘!: Schmidt als Küster an St Jürgen!

* *
*

Es ist keine Kleinigkeit, in Norddeutschland zu wohnen: dazu gehören Männer!! (That's me!).

Kommentar:

„Nur Kirche & 2 Häuser (Pfarre & Küsterhaus)."
Es ist nicht ohne Aufschluß, einmal in Schmidts Pape-Funkessay hineinzusehen, den Schmidt Andersch im selben Brief (wieder einmal) ans Herz legt; dort findet sich folgende Beschreibung des Örtchens Grasberg, in dem Pape 1797 seinen Hauslehrerdienst antritt: „2 Feuerstellen nur sind es; nämlich außer der Kirche noch das Pfarr= und das Küster=Haus. Nirgends sonst ein Gehöft; nur manchmal erblickt man fern den Rauch der nächsten Kolonistenhütten."[13] Und eine noch weit erstaunlichere Korrespondenz kommt hinzu: „ein damals *weltberühmtes* Forschungszentrum ist sogar *ganz* nahe: Lilienthal"[14]!

---

[13] Arno Schmidt, „Samuel Christian Pape. Vergessene Dichtung aus Moor und Heide", in Bargfelder Ausgabe, Bd. II/1 (Zürich: Haffmans 1990), S. 175-205, hier S. 197.

[14] Ebd. – Zu Papes Hauslehrerzeit in Grasberg vgl. auch Arno Schmidt, *Fouqué und einige seiner Zeitgenossen*, Bargfelder Ausgabe, Bd. III/1 (Zürich: Haffmans 1993), S. 459. – Apropos „Dichtung aus Heide und Moor": eine kleine Literaturgeschichte der Inklination zu dieser Landschaft bietet Robert Minder in dem Essay „Lüneburger Heide, Worpswede und andere Heide- und Moorlandschaften" seines Büchleins *Acht Essays zur Literatur*, FiBü 983 (Frankfurt a.M.: Fischer 1969), S. 59-75. Zu den Autoren, die Minder darin behandelt oder erwähnt, gehören zahlreiche Hausgötter und Studienobjekte Arno Schmidts: Moritz, Klopstock, die Hainbündler (und auch Pape), Tieck, Fouqué, die Brontës, Raabe, Stifter, Frenssen, Jahnn. Und schließlich auch Schmidt selbst (ebd., S. 75): „Kipling, Hamsun, Jack London – die Vorbilder von Löns – haben James Joyce, Faulkner, Celine Platz gemacht: die Vorbilder

Auch das (in den 190 Jahren seither durchaus gewachsene) Grasberg nämlich ist keine zehn Kilometer vom Schauplatz des nie ausgeführten Schmidtschen Romanprojekts entfernt, allerdings (im Unterschied zu St. Jürgen) im Nordosten. Bei Schmidts bekannter Vorliebe für Parallelsetzungen mit „vergessenen Kollegen“ will es kaum zufällig scheinen, daß er ebenfalls bei Lilienthal in einem Kirchort mit „2 Feuerstellen“ sein Lager aufschlagen wollte; Josef Huerkamp spricht im Zusammenhang mit Schmidts Begeisterung für Pape zu recht davon, „daß Schmidt sich in der jeweils angenommenen Gestalt selbst spiegeln können muß“[15]. Es läge hier ja nun wirklich die äußerste Konsequenz jener „merkwürdigen Inklination zur Wohngegend des Dichters“[16] vor. Hatte Schmidt am Ende sogar den Plan, in St. Jürgen dem geliebten Pape auch in anderer Hinsicht noch nachzueifern?

„auf 5 km ringsum kein anderes Haus“
In diesem Umkreis finden sich sehr wohl Ansiedlungen. Die Häuser von St. Jürgen-Niederende liegen ca. 1 km entfernt im Norden; der Ortskern von Ritterhude ca. 4 km Luftlinie (bzw. 7 Straßenkilometer) im Westen; Osterholz-Scharmbeck 5 km (bzw. 6 km) im Norden; Lilienthal 7

Arno Schmidts, der als genialisch hinhorchender, wenn auch aufsässiger Registrator mit katzenbergerischer Sammelwut die neue Zeit in ihrer neuen Sprache einfängt. An Döblins ‚Berlin Alexanderplatz‘ geschult, führt er Typen vom Alexanderplatz vor, wie der Nachkrieg sie in der Heide zusammengewürfelt hatte: ressentimentgeladene Großstadtumsiedler, Lastkraftwagenfahrer und ihre Nutten. [...] Gemeinsam bleiben [Ernst] Jünger und Arno Schmidt der harte Tatsachensinn, das Experimentieren mit den Worten, eine Art positivistische Vertracktheit, die dem metaphysischen Anlauf, dem Aufbruch zur Vision immer wieder dazwischengerät.“

15 Josef Huerkamp, „‚Eine Verbindung Pape=Schmidt‘“, in *Bargfelder Bote*, Lfg. 119-120 / Sept. 1987, S. 3-17, hier S. 12.

16 Ebd.

km (12 km) im Südwesten. Gerade 10 km Luftlinie entfernt im Süden ist der Bremer Hauptbahnhof.

„80 Mark Miete im Monat“
Für die in Darmstadt bewohnte Einzimmerwohnung zahlten Schmidts laut Mietvertrag monatlich 95,- DM[17].

‚Der Tod als Freund‘
Holzschnitt (1851) von Alfred Rethel (1816-59).

*

Am 22.10. schreibt Arno Schmidt einen höchst aufschlußreichen Brief an den St. Jürgener Pastor Hermann Schulz. Dieser Brief befindet sich im Archiv des Pfarramts St. Jürgen. Der jetzige Pastor fand ihn bei seinem Amtsantritt 1979 „als Abfall deklariert“ vor und bewahrte ihn vor der Vernichtung (in Bargfeld ist allerdings noch der Durchschlag vorhanden). Es handelt sich bei diesem Brief um das einzige Dokument in dieser Sache, das im Pfarramt St. Jürgen noch vorhanden ist[18] – dazu aber unten noch mehr. – Der Abdruck erfolgt mit freundlicher Genehmigung der Arno Schmidt Stiftung, Bargfeld.

Arno Schmidt (16) Darmstadt, Inselstraße 42
den 22. Okt. 57.

Sehr geehrter Herr Pastor Schulz!

Entschuldigen Sie bitte, daß ich mich so spät erst wieder melde: infolge der Frankfurter Buchmesse (5.-10. 10.) sind so viele dringende ‚geschäftliche‘ Arbeiten

---

[17] Vgl. die Herausgeberanmerkung in Arno Schmidt, *Der Briefwechsel mit Wilhelm Michels. Mit einigen Briefen von und an Elfriede Bokelmann, Erika Michels und Alice Schmidt*, hg. v. Bernd Rauschenbach (Zürich: Haffmans 1987), S. 39 (zu Brief Nr. 30 v. 30.9.55).

[18] P. Wulf Lothar Köppe, Brief an Friedhelm Rathjen, 21. Oktober 1987.

angefallen – die Besuche von Verlegern, Kollegen, Rezensenten usw. ungerechnet – daß ich erst jetzt wieder einigermaßen zur Besinnung komme.

Selbst zu dem Wichtigsten: einer Wohnung. / Da ich auch von Ihnen bisher nichts hörte, nehme ich an, daß die Angelegenheit noch in der Schwebe ist.

Ich lege Ihnen zunächst, damit Sie überhaupt erst einmal ‚offiziell' wissen, wer ich bin, ein Biogramm und eine Bibliografie mit bei. Ich sagte Ihnen bereits damals, daß ich kein unbekannter Mann bin; außer den aufgeführten Titeln habe ich ein Dutzend Romanbände aus dem Englischen übersetzt; ein paar Dutzend l= stündige Nachtprogramme gesendet (ich bin ständiger Mitarbeiter diverser deutscher Sendergruppen, z.B. Süddeutscher Rundfunk, Freies Berlin, Südwestfunk, NDR, usw. sowie etwa 20 führender deutscher Tageszeitungen).

Allerdings darf und will ich Ihnen eines nicht verschweigen: ich gehöre keiner Religion an. Ich bin zwar als Lutheraner geboren und getauft, jedoch vor 25 Jahren aus der Gemeinschaft jener Kirche ausgetreten (meine Frau ebenfalls); und wir haben seitdem unbescholten (und unvorbestraft) unser Leben geführt. / Es ist selbstverständlich, daß ich Ihnen diesen Umstand nicht verschweige; zumal wenn wir tatsächlich für längere Zeit zusammen wohnen sollten. (Vergönnen Sie mir die Bemerkung, daß ich nichts weniger als etwa ‚militanter Atheist' bin; wir sind gewohnt, in völliger Stille und Zurückhaltung zu leben, so sehr, daß ich meinen Kollegen schier als Mirakel gelte.)

Ich wiederhole noch einmal, daß mir eine Wohnung in St Jürgen, zumindest für die nächsten Jahre hinaus, durchaus ideal erscheint; zumal mein nächstes Buch, mit dem Titel ‚Lilienthal 1801', in der dortigen Landschaft lokalisiert sein wird. Ich wäre bereit, eine monatliche Miete von 80,- DM, im Jahre also 960 DM, zu zahlen; und zwar für die nächsten 3 Jahre im voraus. Küche, Klo etc. würde ich allenfalls auf meine Kosten instand setzen lassen (die 3 großen Wohnräume sind, sofern mich mein Gedächtnis nicht trügt, durchaus bewohnbar).

Weiterhin würden wir ohne weiteres gern das ‚Halbe Dienstmädchen' übernehmen. Sie könnte davon wöchentlich einige Stunden als ‚Küsterdienst' versehen. Irgend eine anderweitige Verpflichtung die Küsterdienste betreffend könnten wir allerdings nicht eingehen, was Sie sicher verstehen werden.

Nach unserer, wenn auch kurzen, persönlichen Bekanntschaft, glaube ich, daß wir – anregende und interessante Reibereien nicht ausgeschlossen – durchaus miteinander auskommen würden. Die Einsamkeit der Ortslage wäre im übrigen für mich ein Grund mehr, St. Jürgen allen anderen Gegenden der redenden Menschen vorzuziehen.

Ich schreibe Ihnen diesen Brief noch völlig privat. Sollte die Wohnung inzwischen vergeben sein, so kann ich nichts machen. Ich bitte jedoch, mich so bald wie möglich zu benachrichtigen, falls eine reelle Aussicht bestehen sollte, daß ich für die nächsten Jahre in St Jürgen meine Wohnstatt aufschlagen kann. –

Ich verbleibe inzwischen, mit dem besten Dank auch für die Unterstützung meiner kommenden Arbeiten durch Ihre Kirchenbücher,

Ihr sehr ergebener
[hs. Unterschrift]
(Arno Schmidt)

Kommentar:

„Frankfurter Buchmesse [...] dringende ‚geschäftliche' Arbeiten"
Daß Arno Schmidt sich um so profane Dinge wie die Buchmesse im Gegenteil sehr wenig scherte, dürfte hinlänglich bekannt sein.[19] Immerhin erschien Mitte Oktober 1957 Schmidts *Gelehrtenrepublik*, womit tatsächlich der eine oder andere geschäftliche Besuch bei Schmidt verbunden gewesen sein könnte. Übrigens verblüfft es nicht wenig, daß Schmidt sich überhaupt mit der Buchmesse herausreden muß: zeitraubende Arbeit hat er auch ohne sie zweifellos genügend gehabt. Im Juli und August bewältigt Schmidt die Niederschrift der *Gelehrtenrepublik*; im September liest er dafür „Korrekturen wie wild"[20]; nebenher schreibt er im September auch noch das (nie gesendete) Funkmanuskript „Der Bogen des Odysseus" zum Zeitungsbeitrag „Ulysses in Deutschland" um[21].

„ein Biogramm und eine Bibliografie"
Offenbar nicht erhalten.

„Ein Dutzend Romanbände aus dem Englischen übersetzt"
Schmidts Dutzend ist recht klein: erschienen waren bis zu diesem Zeitpunkt seine Übersetzungen von Innes, Fleming, Paterson, Ruesch, Wilson, Hunter (*Aber wehe dem Einzelnen*); bereits abgeschlossen außerdem Hassoldt Davies' *Dorf der Zauberer*.

---

[19] Vgl. dazu auch die aufschlußreiche Korrespondenz mit Wilhelm Michels anläßlich der Buchmesse 1956: Schmidt, *Der Briefwechsel mit Wilhelm Michels*, a.a.O., S. 47 f. (Briefe Nr. 41-43).

[20] Schmidt, *Der Briefwechsel mit Alfred Andersch*, a.a.O., S. 129 (Brief Nr. 145 v. 19.9.57).

[21] Datierung nach den Unterlagen der Arno Schmidt Stiftung, Bargfeld (Anlage zu einem Brief Bernd Rauschenbachs an Friedhelm Rathjen, 11. September 1987).

„ein paar Dutzend l=stündige Nachtprogramme gesendet“
Mit der „Klopstock“-Sendung vier Tage vor Abfassung dieses Briefes waren gerade erst sieben (!) Nachtprogramme Schmidts ausgestrahlt worden.

„z. B. Süddeutscher Rundfunk, Freies Berlin, Südwestfunk, NDR, usw.“
Der Süddeutsche Rundfunk produzierte bekanntlich bis einschließlich 1957 alle Funkessays von Schmidt und außerdem Martin Walsers Schmidt-Bearbeitung „Die letzte Ausflucht“, der Sender Freies Berlin 1950 Schmidts Funkfassung von „Gadir“; der NWDR übernahm im Dezember 1955 das Brockes-Nachtprogramm; der Südwestfunk strahlte vor 1974 (als er den Spindler-Essay produzierte) keinen Beitrag von Schmidt aus, verdiente sich die Erwähnung aber vielleicht mit einer lobenden Besprechung des *Kosmas*; „usw.“ ging es mit dem Hessischen Rundfunk, allerdings erst ab 1958.

„etwa 20 führender deutscher Tageszeitungen“
Wer hätte das gedacht: Schmidt gibt sich bescheiden. Seine Beiträge waren bis zu diesem Zeitpunkt schon in mehr als 20 Zeitungen erschienen, wenn auch sicher das *Darmstädter Echo* keine führende und die *Zeit* keine Tageszeitung ist.

„vor 25 Jahren aus der Gemeinschaft jener Kirche ausgetreten (meine Frau ebenfalls)“
Man rechne nach: das wäre etwa 1932 gewesen; der 18jährige Arno Schmidt stand kurz vor dem Abitur[22]. Sei-

---

[22] Nach den Erinnerungen Heinz Jerofskys war Arno Schmidt sogar bereits bei seinem Wechsel auf die Oberrealschule in Görlitz im Herbst 1929 Atheist und nahm in den dreieinhalb Jahren bis zum Abitur nicht am Religionsunterricht teil. Vgl. Heinz Jerofsky, „Erinnerungen an Arno Schmidt“, in *„Wu Hi?“ Arno Schmidt in*

ne spätere Frau (die er damals freilich noch nicht kannte) war 16.

„unbescholten (und unvorbestraft) unser Leben geführt.“
Ganz so weit von einer einschlägigen Vorstrafe war Arno Schmidt nun allerdings ja nicht entfernt, wenn wir an die Gotteslästerungs- und Pornographieklage in Sachen „Seelandschaft mit Pocahontas“ denken.

„nichts weniger als etwa ‚militanter Atheist‘“
Dazu unten noch Grundsätzliches.

„mein nächstes Buch, mit dem Titel ‚Lilienthal 1801‘“
Schmidt nennt als Titel des Romans, den er zwischen etwa 1955 und 1960 immer wieder als sein nächstes Projekt bezeichnet, sonst immer nur *Lilienthal* ohne Zusatz einer Jahreszahl[23]; daß das Werk 1801 spielen soll, gibt er allerdings auch in einem Brief an Werner Steinberg vom 2.9.55[24] und in einem Brief an Andersch vom 15.12.56[25] an. Die Jahreszahl erlaubt bis zu einem gewissen Grad natürlich auch Spekulationen darüber, welche äußeren Anlässe in das Romanprojekt eingehen sollten. Dazu ein paar Hinweise: am Neujahrstag 1801 entdeckte Joseph Piazzi von Palermo aus die Ceres Ferdinandea, die nach kurzer Beobachtung unauffindbar blieb und nach langer

---

Görlitz Lauban Greiffenberg, hg. v. Jan Philipp Reemtsma u. Bernd Rauschenbach (Zürich: Haffmans 1986), S. 29-51, hier S. 31.

23 Vgl. die Zitatensichtung von Josef Huerkamp, „‚Ein unerleDichter Fall‘ oder Arno Schmidt auf Schroeters Spur“, in Jörg Drews u. Heinrich Schwier (Hg.), *„Lilienthal oder die Astronomen“. Historische Materialien zu einem Projekt Arno Schmidts* (München: edition text + kritik 1984), S. 320-338.

24 Vgl. Arno Schmidt, *Briefe an Werner Steinberg* (Zürich: Haffmans 1985), S. 18 (Brief Nr. 7 v. 2.9.55).

25 Vgl. Schmidt, *Der Briefwechsel mit Alfred Andersch*, a.a.O., S. 103 (Brief Nr. 113 v. 15.12.56): „Ort: 12 km NO von Bremen; Zeit: 1801“.

Suche – auch in Lilienthal – erst am Neujahrstag 1802 vom Bremer Arzt Olbers wiederentdeckt werden konnte[26]; vom 25.4. bis zum 14.6.1801 nahmen Schroeter und Harding „Beobachtungen des Merkur“ vor, über die am 29.6. Mitteilung gemacht wurde[27]; im August erhielten die Lilienthaler Astronomen Besuch vom Haller Mathematiker und Physiker Georg Simon Klügel[28]; hinzu kommen als herausragende Ereignisse des Jahres 1800, denen mancher Gedankenreflex gegolten haben könnte, die Gründung der „Vereinigten Astronomischen Gesellschaft“ und der Besuch des Prinzen von Großbritannien und Hannover, Adolf Friedrich[29]. Außerdem dürfte 1801 der 2. Teil der *Selenotopographischen Fragmente* Schroeters in Arbeit gewesen sein, der am 1. März 1802 erschien.[30] Die Szene in Schmidts historischer Revue „Massenbach“, die im Olbersschen Observatorium zu Bremen spielt, ist auf 1802 datiert[31], und darin ist auch von Piazzis Entdeckung die Rede, ebenso aber auch vom Göttinger Mathematiker Karl Friedrich Gauß[32], der mit Olbers ausgerechnet in

---

[26] Vgl. Hermann Albert Schumacher, „Die Lilienthaler Sternwarte. Ein Bild aus der Geschichte der Himmelskunde in Deutschland (1890)“, in Drews / Schwier (Hg.), *„Lilienthal oder die Astronomen“*, a.a.O., S. 86-236, hier S. 142.

[27] Vgl. ebd., S. 212.

[28] Vgl. ebd., S. 142.

[29] Vgl. ebd., S. 138-141.

[30] Vgl. ebd., S. 212.

[31] Vgl. Arno Schmidt, „Massenbach. Historische Revue“, in Bargfelder Ausgabe, Bd. II/1, a.a.O., S. 7-104, hier S. 45-51. Die genauere Datierung der Szene ist widersprüchlich: einerseits ist vom „Geburtstag des Kaisers Georg“ (S. 45) die Rede, das wäre am 4. Juni (wohingegen Georg III am 29. Januar *starb*); andererseits kündigt Olbers an, „Im März“ (S. 47) auf Planetenentdeckung gehen zu wollen, und schon am 28.3.1802 entdeckte er tatsächlich den Planetoiden Pallas (vgl. Schumacher, „Die Lilienthaler Sternwarte“, a.a.O., S. 143).

[32] Vgl. Schmidt, „Massenbach“, a.a.O., S. 47 (Piazzi) bzw. 48 (Gauß).

dem uns interessierenden Jahr 1801 – und zwar schon zu Beginn des Jahres – in Briefwechsel trat[33].

„im Jahre also 960 DM, zu zahlen; und zwar für die nächsten 3 Jahre im voraus.“
Das entspricht der im Brief an Andersch gemachten Angabe. Man mag sich wundern, daß der kirchenmausarme Hungerkünstler Schmidt ohne Zögern und doch wohl auch ohne konkrete Veranlassung eine Vorauszahlung von immerhin 2880 DM in Aussicht stellen kann. Entgegen bisherigen Annahmen scheint es Schmidt aber schon in seiner Darmstädter Zeit gelungen zu sein, finanzielle Rücklagen zu bilden. So schreibt er Wilhelm Michels am 21.4.58 – als sich die Möglichkeit des Umzugs nach Bargfeld eröffnet – von „eigenen Ersparnissen, die [...] immerhin einige Nachtprogramme betragen“[34]; Schmidt machte es sich außerdem zur Gewohnheit, nur die zur Bestreitung seiner geringen Lebenshaltungskosten notwendigen Verlagshonorare abzurufen[35], so daß auch beim Stahlberg-Verlag – und später bei S.Fischer – stets Rücklagen für ihn verfügbar waren.

---

33 Vgl. Schumacher, „Die Lilienthaler Sternwarte“, a.a.O., S. 150. – Wenn man von diesem Briefwechsel des Jahres 1801 weiß, muß man es höchst erstaunlich finden, daß Schmidt in der „Massenbach“-Szene den Titelhelden ausgerechnet mit Gaußschen Theoremen den perplexen Olbers verblüffen läßt.

34 Schmidt, *Der Briefwechsel mit Wilhelm Michels*, a.a.O., S. 77 (Brief Nr. 80 v. 21.4.58). – Das Honorar des Süddeutschen Rundfunks für Schmidts Funkessays betrug in jenen Jahren pro Sendung insgesamt 900 DM; vgl. dazu Schmidt, *Der Briefwechsel mit Alfred Andersch*, a.a.O., S. 102 (Brief Nr. 110 v. 20.11.56) u.ö.

35 Vgl. die Anmerkung des Herausgebers bei Schmidt, *Der Briefwechsel mit Wilhelm Michels*, a.a.O., S. 77 (zu Brief Nr. 80 v. 21.4.58): „Zur Finanzierung der beim Einzug [in Bargfeld] notwendigen Umbauten nutzten Schmidts einige bislang nicht beim Verlag abgerufene Honorare.“

„unserer, wenn auch kurzen, persönlichen Bekanntschaft“ Ausweislich seines Tagebuches war Arno Schmidt am 1. und 2. Oktober 1957 in Lilienthal; für den 2.10. findet sich der Eintrag: „Nach St. Jürgen: idyllisch: Wohnungsgelegenheit!!! / Gespräch mit Schulz“[36]. Damit ist Wilhelm Michels' Ansicht, „Schmidt sei mit Sicherheit nach 1955 weder in Lilienthal noch in St. Jürgen gewesen“[37], inzwischen schon zweifach widerlegt; auch Mitte Dezember 1956 war Schmidt schon in Lilienthal[38], was er Michels sogar angekündigt hatte[39]. Übrigens war Schmidt auch als Soldat bereits einmal ganz in der Nähe: am Vormittag des 27.3.45 marschierte sein Truppenteil von Ottersberg nach Osterholz-Scharmbeck[40], und diese

---

36 Arno Schmidt, Tagebucheintrag v. 2.10.57; mitgeteilt von Bernd Rauschenbach, Brief an Friedhelm Rathjen, 16. Dezember 1987.

37 Uwe Laugwitz, „Topographische Notizen im weitesten Sinn. Marginalien zu Arno Schmidts ‚Lilienthal'“, in *Protokolle*, Nr. 1/1984, S. 81-95, hier S. 89. – Der Beitrag von Laugwitz (den ich leider erst zur Kenntnis nahm, als mein Manuskript so gut wie abgeschlossen war) verfolgt sehr einsichtsvoll die Karriere des *Lilienthal*-Topos bei Arno Schmidt; allerdings unterlaufen Laugwitz einige Datierungsfehler.

38 Vgl. Schmidt, *Der Briefwechsel mit Alfred Andersch*, a.a.O., S. 103 (Brief Nr. 113 v. 15.12.56): „war [...] vorgestern [...] in Essen (auf der Durchreise nach Lilienthal; wo ich für mein neues gleichnamiges Buch [...] die noch vorhandenen Relikte, sowie die Horizontlinien, mehr ist nicht übrig, aufgenommen habe)“.

39 Vgl. Schmidt, *Der Briefwechsel mit Wilhelm Michels*, a.a.O., S. 59 (Brief Nr. 57 v. 11.12.56): „am Donnerstag / Freitag fahren wir nach Köln / Essen / Lilienthal“; der 13.12.56 war ein Donnerstag. – Man wird aus diesem Erinnerungsfehler Michels' den Schluß ziehen müssen, daß Interviews mit Bekannten Schmidts zur Erlangung biographischen Materials nicht immer die verläßlichste Methode und die dabei eruierten Daten nicht über jeden Zweifel erhaben sein können – woraus niemandem ein Vorwurf zu machen ist: Erinnerungen sind nun einmal keine gemeißelten Grabsteine, an denen es nichts mehr zu kratzen gibt.

40 Arno Schmidt, „Chronik“, in *„Wu Hi?“*, a.a.O., S. 203-206, hier S. 204.

Strecke führt zwischen Grasberg und Lilienthal hindurch und nur 1000 Meter an der Kirche St. Jürgen vorbei. – Die naheliegende Vermutung, Schmidts Besuch in St. Jürgen stehe im Zusammenhang mit seinen *Lilienthal*-Vorarbeiten, läßt sich anhand einiger Daten konkretisieren. Die Frau Johann Hieronymus Schroeters, Ahlke geb. Lankenau, stammte aus „Oberende, Mairie St. Jürgen“[41], und auch die Mutter von Schroeters Gärtner und späterem Teleskophersteller Harm Gefken scheint aus der Pfarrei St. Jürgen gebürtig gewesen zu sein[42]. Wichtig könnte für Arno Schmidt auch der St. Jürgener Pastor Johann Wilhelm Hönert gewesen sein, der in der zweiten Hälfte des 18. Jahrhunderts mehr oder weniger aufschlußreiche Beschreibungen der lokalen Verhältnisse geliefert hat.[43] Für den manischen Datensammler Arno Schmidt waren das zweifellos hinreichende Gründe, das Pfarramt St. Jürgen aufzusuchen, und wenn er sich am Schluß des Briefes an

[41] „Das eigenhändig geschriebene Testament des Astronomen und Amtmanns zu Lilienthal Dr. Johann Hieronymus Schroeter vom 21. Mai 1813“, in Drews u. Schwier (Hg.) *„Lilienthal oder die Astronomen“*, a. a. O., S. 255-257, hier S. 255. Nebenbei: Ahlke Schroeters Initialen sind die Arno Schmidts. – Auch der mit Schroeter in Verbindung stehende Lehrer und Organist Martin Helmke kam aus Oberende; vgl. Schumacher, „Die Lilienthaler Sternwarte“, a.a.O., S. 225.

[42] Vgl. die Sterbeurkunde Harm Gefkens in Drews u. Schwier, *„Lilienthal oder die Astronomen“*, a.a.O., S. 258: seine Mutter war Mette Margarete Murken, und der Familienname Murken ist heute noch im Bereich der Kirchengemeinde St. Jürgen häufiger anzutreffen als irgendwo sonst.

[43] Vgl. Schumacher, „Die Lilienthaler Sternwarte“, a.a.O., S. 235: „Die eigentümlichen Gerichtsbarkeits-Verhältnisse werden in Joh. Wilh. Höner’s Nachricht von dem Kirchspiel Sankt Jürgen im Herzogtum Bremen 1762 besprochen“; ebd., S. 223, hebt Schumacher das Lob hervor, das dem Moorkolonisator Findorf „vom Pfarrer Hönert in Sankt Jürgen“ zuteil wurde. Die Pfarre St. Jürgen ist die älteste der Umgebung; vgl. ebd., S. 97.

Pastor Schulz „Unterstützung meiner kommenden Arbeiten durch Ihre Kirchenbücher“ erhofft, so ist das nicht nur allgemein dahergesagt: Schmidt wußte genau, „was wo zu finden war.“[44]

*

Der Brief an Pastor Schulz zeigt, daß es Arno Schmidt durchaus ernst war mit dem Gedanken, ins St. Jürgener Küsterhaus zu ziehen. Ernsthaft mit diesem Plan beschäftigt hat sich aber auch Alfred Andersch, der seine Frau und seinen Assistenten Helmut Heißenbüttel in die Diskussion der Vor- und Nachteile einbezog. Das Ergebnis der Umfrage schilderte Andersch Schmidt im Postskriptum eines Briefes vom 23.10.[45]:

> Meine Frau und ich sprechen sehr viel über Ihre Wohnungs- und Küster-Pläne in Norddeutschland. Meine Frau ist dagegen, daß Sie Küster von St. Jürgen werden, während ich es mir vorstellen könnte. Es hätte die Qualität einer ebenso subtilen wie grandiosen Ironie. Meine Frau, die da realistischer denkt, meint, Sie riskieren ein Mißverständnis, das Sie dann eines Tages zu bezahlen hätten. Heißenbüttel wiederum, der die Verhältnisse sehr genau kennt, sagte mir, in der Lüneburger Heide z.B. seien Pfarrer wie Küster gänzlich abhängig von den umwohnenden Großbauern. Er fügte allerdings einschränkend hinzu, in der bremer

---

[44] Jerofsky, „Erinnerungen an Arno Schmidt“, a.a.O., S. 50. Diese Formulierung Jerofskys ist natürlich in erster Linie auf Schmidts Fouqué-Studien bezogen. Ein Zusammenhang zwischen Fouqué und St. Jürgen besteht nicht; auch *Lilienthal* ist – im Gegensatz zum „Massenbach“ etwa – nicht mit den Arbeiten an der Fouqué-Biographie in Verbindung zu bringen, sondern ein separates Interessenfeld Schmidts.

[45] Schmidt, *Der Briefwechsel mit Alfred Andersch*, a.a.O., S. 135 (Brief Nr. 151 v. 23.10.57).

Gegend sei dies nicht so stark ausgeprägt. Wahrscheinlich handelt es sich hier um eine Sache, die wirklich nur vom Betroffenen selbst entschieden werden kann.

Kommentar:

„daß Sie Küster von St. Jürgen werden“
So weit allerdings wollte es ja Schmidt auch nicht kommen lassen. Bezeichnend für die Verläßlichkeit seiner saloppen Formulierungen ist, daß er

„Heißenbüttel wiederum, der die Verhältnisse sehr genau kennt“
Helmut Heißenbüttel stammt aus Norddeutschland: er wurde in Rüstringen bei Wilhelmshaven geboren, wuchs im Emsland auf und studierte u.a. in Hamburg, wo er bis zu seiner Arbeit beim Süddeutschen Rundfunk als Verlagslektor tätig war. – Es gibt übrigens auch ein Dorf namens Heißenbüttel, und das liegt zwischen Bremen und Bremerhaven – keine zwanzig Straßenkilometer nördlich von St. Jürgen.

*

Heißenbüttel wird auch von Schmidt selber noch einmal um Rat angegangen – „Die Wohnungsangelegenheit im Bremischen hat Herr Andersch Ihnen wohl geschildert: Ist Sankt Jürgen nun eine Messe wert, oder nicht?“[46] –, doch der reagiert darauf nicht mehr. Statt dessen erhält Schmidt wenige Tage später einen abschlägigen Bescheid von Pastor Hermann Schulz (der Brief befindet sich im Archiv der Arno Schmidt Stiftung zu Bargfeld), und damit ist die Angelegenheit erledigt:

---

[46] Ebd., S. 137 (Brief Nr. 153 v. 6.11.57).

Der Kirchenvorstand St. Jürgen, den 7.11.1957
zu St. Jürgen | Tgb. Nr. 130
Sehr geehrter Herr Schmidt!
Ich bestätige den Eingang Ihres Schreibens vom 22.10. Es tut mir leid, Ihnen mitteilen zu müssen, dass die Wohnung nun schon zum 1.1.57 für unseren neuen Kirchendiener, der dann die Wohnung beziehen wird, vergeben ist. Der Kirchenvorstand hat in seiner letzten Sitzung vom 4.11. darüber Beschluss gefasst, und so verlockend Ihr Angebot war, hat der Kirchenvorstand ja aber unserem neuen Kirchendiener gegenüber diese Verpflichtung, ihm auch die vorhandene Dienstwohnung zur Verfügung zu stellen. Dafür werden Sie ja auch Verständnis haben. Ich wünsche Ihnen, dass Sie bald die geeignete Wohnung finden, die Sie suchen.

Mit freundlichen Grüssen
Ihr [hs.:] H. Schulz

Kommentar:

„zum 1.1.57"
Richtig: 1.1.58.

„für unseren neuen Kirchendiener"
Wie dem Protokollbuch der Kirchengemeinde St. Jürgen zu entnehmen ist, wurde in einer Kirchenvorstandssitzung am 17.9.57 über die Einstellung debattiert[47], also bereits vor Schmidts Besuch in St. Jürgen.

„Sitzung vom 4.11."
Diese Auskunft ist mehr als mysteriös, wenn man weiß, daß ausweislich des Protokollbuchs die letzte Sitzung des Kirchenvorstandes St. Jürgen im Jahre 1957 die vom 17.9. war; die darauffolgende Sitzung fand erst im Januar des

---

[47] P. Wulf Lothar Koppe, persönliche Auskunft in St. Jürgen, 20. November 1987.

Jahres 1958 statt. Über Arno Schmidts Gesuch ist im Protokollbuch überhaupt nichts zu finden.[48]

„unserem neuen Kirchendiener gegenüber diese Verpflichtung, ihm auch die vorhandene Dienstwohnung zur Verfügung zu stellen“

Der Zusammenhang zwischen Wohnungsvergabe und Küsterdiensten stellt sich hier doch etwas anders dar, als Schmidt ihn sehen möchte. Nach Schmidts Darstellung – die natürlich von seinen eigenen Interessen bestimmt wird – steht die Vergabe einer Wohnung im Vordergrund, wobei der zukünftige Mieter nur eben die Bedingung erfüllen muß, für die Erledigung der Küsterpflichten einzustehen – das hätte Schmidt dann ja durch den Einsatz des „Halbe[n] Dienstmädchen[s]“ gewährleisten wollen, was schon ein absurder Vorschlag ist, wenn man die Strukturen einer Landkirchengemeinde kennt. Tatsächlich kommt aber für die Kirchengemeinde der Mietfrage nachrangige Bedeutung zu; zuallererst muß ein neuer Küster her, und dann kann über die Nutzung der Wohnung verfügt werden. In dieser Situation entschied sich der Kirchenvorstand – offensichtlich schon auf der Sitzung vom 17.9. – für einen Bewerber aus dem unmittelbaren Umland von St. Jürgen[49], und damit mag es zunächst fraglich erschienen sein, ob der neue Küster die Dienstwohnung überhaupt benötigte oder sie einem anderen Mietbewerber – eben Schmidt – überlassen werden konnte. Dies wiederum würde allerdings bedeuten, daß Arno Schmidt von Pastor Schulz zumindest im Ernst nie als Bewerber um das Küsteramt betrachtet wurde.

*

[48] P. Koppe, persönliche Auskunft in St. Jürgen, 20. November 1987.

[49] P. Köppe, Brief an Friedhelm Rathjen, 21. Oktober 1987.

Den Eingang des abschlägigen Bescheids aus St. Jürgen notierte Schmidt sogleich in seinem Tagebuch („St. Jürgen schreibt ab! oh weh!“[50]), und er meldete ihn in seinem nächsten Brief an Andersch weiter[51]:

> ‚Sankt Jürgen‘ hat sich inzwischen erledigt: die Gemeindeversammlung hat sich doch lieber für einen normalen Küster entschieden. (Schade: es war so still dort; und genau die Landschaft, die ich für ‚Lilienthal‘ brauche – L. liegt ja nur 10 km entfernt! – – wenn ich nicht bald nach Norddeutschland gelange, entsteht das Buch nie. Je nun: ‚Es ist nicht schad'.....‘; ich habe mein Teil Unfug in der Literatur gestiftet. (Aber trotzdem: es wäre ein gutes Stück geworden.....)). / Entschuldigen Sie meine Geschwätzigkeit. /

Kommentar:

„doch lieber für einen normalen Küster entschieden“
Nicht untypisch für Schmidt ist, daß er die ganze Geschichte sofort, nachdem sie sich zerschlagen hat, in eine starre Sprachform gießt. Wortwörtlich in dieser Form wird sie dann offenbar jedem auf die Nase gebunden, der's hören soll; so berichtet etwa Jörg Drews: „Das hat er mir auch mal erzählt. Die Sache zerschlug sich dann aber im Herbst 1957, denn da hat sich die Gemeindeversammlung doch für einen ‚normalen‘ Küster entschieden.“[52] – Bei alledem sollte man auch die Fähigkeit des damaligen St. Jürgener Kirchenvorstandes nicht überschätzen, die Entscheidung für einen ‚*nicht* normalen Küster‘ überhaupt

---

[50] Arno Schmidt, Tagebucheintrag v. 8.11.57; mitgeteilt von Bernd Rauschenbach, Brief an Friedhelm Rathjen, 16. Dezember 1987.

[51] Schmidt, *Der Briefwechsel mit Alfred Andersch*, a.a.O., S. 140 f. (Brief Nr. 156 v. 15.11.57).

[52] Jörg Drews, Zwischenbemerkung im „Gespräch mit Wilhelm Michels“, a.a.O., S. 8.

in Betracht zu ziehen. Was in aller Welt sollte die Honoratioren dieser in den Tiefnebeln des flachen Marschlandes dahindämmernden Streusiedlung veranlassen, einen ihnen zweifellos völlig unbekannten Mann mit der suspekten Berufsangabe ‚Schriftsteller', der irgendwo weit weg in Darmstadt lebte, zu ihrem Küster zu machen?

„entsteht das Buch nie."

Dabei ist es bekanntlich – leider! – geblieben, obwohl der glückliche Umzug nach Niedersachsen ja dann doch nicht mehr lange auf sich warten ließ. Bis es dazu kam, war Lilienthal noch weiterhin eine wichtige Landmarke für die Wohnungssuche – sowohl das Romanprojekt als auch der Ort, in dessen Umgebung das Ehepaar Schmidt am 23. und 24. März auf Suche war[53]: „Lilienthal im Winter sehen; und ein altes, zu vermietendes Bauernhaus bei Osterholz=Scharmbeck begutachten, in das wir, falls es uns gefallen sollte, in der 2. Jahreshälfte einziehen könnten."[54] Um diese Zeit herum gab Schmidt wahrscheinlich auch die Anzeige im *Osterholzer Kreisblatt* auf, die – leider ohne Angabe von Fundort und -datum – in einer Verlagsübersicht des Haffmans-Verlags faksimiliert ist[55]:

---

[53] Vgl. die Herausgeberanmerkung in Schmidt, *Der Briefwechsel mit Alfred Andersch*, a.a.O., S. 169 (zu Brief Nr. 181 v. 28.3.58).

[54] Schmidt, *Der Briefwechsel mit Wilhelm Michels*, a.a.O., S. 76 (Brief Nr. 79 v. 22.3.58). – Vgl. dazu noch einmal das in Anm. 37 nachgewiesene Zitat von Michels.

[55] *Haffmans' Laufendes Programm*, Herbst & Winter 1985 / 1986, S. 3. – Der Druckort der Anzeige erhellt aus den Annoncen darüber bzw. darunter, die teilweise mitfaksimiliert wurden: die Adresse „Hünenstein 4" stammt aus Osterholz (heute heißt die Straße korrekt ‚Am Hünenstein'), und „Ohlenstedt" ist ein Ort wenige Kilometer nördlich von Osterholz-Scharmbeck, unweit des oben erwähnten Dorfes Heißenbüttel. Ebenso läßt sich den beiden Anzeigen auch ablesen, daß sie im Frühjahr erschienen sein müssen: da wird ein „Schulentlassenes Mädchen" gesucht und „Vieh in Weide" genommen. Einer in Axel Dunker (Hg.), *Arno*

Schriftstellerehepaar
(kinderlos), sucht ruh. Dorf-
wohn., 3 Zi., Kü., mögl. Bad,
evtl. Einzelhaus. MVZ mögl.
Zuschr. erbeten A. Schmidt,
Darmstadt, Inselstraße 42

4: Von der „ebenso subtilen wie grandiosen Ironie“

Er sei „nichts weniger als etwa ‚militanter Atheist‘“, schreibt Schmidt allen Ernstes an Pastor Schulz, und die Ironie, die speziell in dieser Behauptung liegt, will schon kaum noch eines Kommentars würdig scheinen. Wir erinnern uns, daß Schmidt gleich mit seinem Erstling *Leviathan* auch hinsichtlich seiner Einstellung zum Christentum in provokativ-schroffer Weise seine Haltung zum besten gegeben hat:

> Seine 2000 Jahre alten Kalauer von der Erbsünde kann er doch nur einem erzählen, der keine Krempe mehr am Hut hat: Haben diese Leute denn nie daran gedacht, daß Gott der Schuldige sein könnte? [...] blinde Gefolgschaft scheint immer schwarze Uniform zu tragen. – Pack.[56]

Schmidt (1914-1979). Katalog zu Leben und Werk (München: edition text + kritik 1990), S. 82 abgedruckten Tabelle Schmidts zufolge erschien die Anzeige am 25. Februar im *Osterholzer Kreisblatt*, fast zeitgleich außerdem in neun anderen norddeutschen Zeitungen.

[56] Arno Schmidt, „Leviathan oder Die beste der Welten“, in Bargfelder Ausgabe, Bd. I/1 (Zürich: Haffmans 1987), S. 33-54, hier S. 43. – Es sei nebenher darauf hingewiesen, daß Schmidt hier einen evangelischen Geistlichen meint, wenn er auch an dieser Stelle – wie an manch anderer (z.B. S. 36) – vom „Pfarrer“ spricht: ein andermal ist von „Pastor's inmitten der sieben Kinder“ (S. 37) die Rede, und so etwas ist bei den Katholiken bekanntlich bis heute nicht möglich. In seinen späteren Werken geht Schmidt mit der

Nicht umsonst ziert gerade diese Passage eine Umschlagrückseite der Studienausgabe von Schmidts Werken. Ist das kein militanter Atheismus?

Wir erinnern uns ferner, was Arno Schmidt am selben Tag zu Papier gebracht hat, an dem er Pastor Schulz besuchte. Am 2.10.57 verfaßte Schmidt seine Rezension von Anderschs Roman *Sansibar oder der letzte Grund*, die am 24.10. gedruckt wurde, und darin stehen deutliche Worte:

> Der Pfarrer Helander [...] hat endlich begriffen »daß man einen Gott, der den Seinen nicht beistand, züchtigen müsse«: nicht schlecht! [...] es wäre besser, Helander wäre weiter gekommen; zu der noch tieferen Einsicht: daß er, der Mensch, besser als Gott ist.[57]

Und eine noch krassere Koinzidenz: ausgerechnet Ende 1957 veröffentlichte Arno Schmidt den schon im Titel unmißverständlichen Beitrag „Atheist?: Allerdings!“, nämlich in der von Karlheinz Deschner herausgegebenen Anthologie *Was halten Sie vom Christentum?*[58] und – auszugsweise – in der *Welt* vom 21.12.57. „Wer fragt

---

evangelischen Kirche durchaus glimpflicher um als mit der katholischen; vgl. etwa das Pamphlet „Atheist?: Allerdings!“, in Bargfelder Ausgabe, Bd. III/3 (Zürich: Haffmans 1995), S. 317-326, hier S. 540 (gestrichene Passage zu S. 326): „Gibt denn Niemand die Tatsache zu denken, daß von unserem großen Sechsfachgestirn [...] *nicht einer* katholisch war [...]?!“ – Vgl. zu dem ganzen Komplex auch Horst Georg Pöhlmann, „Graubart über den Wolken. Arno Schmidts Atheismus“, in *Evangelische Kommentare*, 20. Jg. 1987, Nr. 10, S. 593-595.

57 Arno Schmidt, „Das=Land=aus=dem=man= flüchtet“, in Bargfelder Ausgabe, Bd. III/3, a.a.O., S. 386-389, hier S. 387

58 Karlheinz Deschner (Hg.), *Was halten Sie vom Christentum?* List-TB 105 (München: List 1957), S. 64-75. – Ich habe den genauen Erscheinungstermin nicht eruieren können, doch läßt die Taschenbuchnummer auf Ende 1957 schließen.

danach, ob das ewige Glockenläuten [...] *meine* Ohren beleidigt?!"[59] Nun, als Bewohner des Küsterschulhauses zu St. Jürgen hätte Schmidt – selbst wenn er den Küsterdienst nicht eigenhändig versehen wollte – sich schon einen sehr guten Gehörschutz suchen müssen, um nicht fortwährend beleidigt zu werden.

Und schließlich müssen wir uns auch erinnern, daß Schmidt sich durch einschlägige ‚Stellen' („Der ‹Herr›, ohne dessen Willen kein Sperling vom Dache fällt oder 10 Millionen im KZ vergast werden: das müßte schon ne merkwürdige Type sein"[60]) in der „Seelandschaft mit Pocahontas" jene inzwischen zur Legende gewordene Anzeige wegen „Gotteslästerung und Pornographie" zuzog, die ihm 1957 durchaus noch frisch in Erinnerung war. Als Mieter der Küsterwohnung hätte es Schmidt wohl schon einmal unterlaufen können, „in einer Kirche oder in einem anderen zu religiösen Versammlungen bestimmten Orte beschimpfenden Unfug [zu verüben]"[61]. Schmidts Umzug von Kastel nach Darmstadt erfüllte bekanntlich den sehr pragmatischen Zweck einer Flucht vor der kirchenfreundlichen Rechtsprechung im Bereich der Diözese Trier, und wenn auch der Antrieb, Darmstadt ebenfalls möglichst schnell wieder verlassen zu wollen, nicht mehr primär mit der dringenden Neigung zusammenhing, „gutt katolsche Leut"[62] und ihre Lebensräume

---

[59] Schmidt, „Atheist?: Allerdings!", a.a.O., S. 326. – Zum störenden Glockenläuten vgl. auch Arno Schmidt, *Die Gelehrtenrepublik: Kurzroman aus den Roßbreiten*, in Bargfelder Ausgabe, Bd. I/2, a.a.O., S. 221-351, hier S. 290.

[60] Arno Schmidt, „Seelandschaft mit Pocahontas", in Bargfelder Ausgabe, Bd. I/1, a.a.O., S. 391-437, hier S. 393.

[61] Paragraph 166 StGB.

[62] Arno Schmidt, *Die Umsiedler*, in Bargfelder Ausgabe, Bd. I/1, a.a.O., S. 261-297, hier S. 277. Auf den Seiten danach sind ein paar schöne atheistische Tiraden zu finden; vgl. S. 278: „Mein Vater war

zu meiden, so spielte doch die Erfahrung der „Pocahontas"-Strafklage immer noch eine Rolle. Zu den Vorzügen des ersten Umzugszieles Irland schreibt Schmidt: „wenn der Briefträger mit Prozeßvorladungen oder Einberufungsbefehl an die Tür klopfen will, kichern wir nur: The Germany kann me furchtbar leckn!!....."[63] Genau dieser Satz in Küchenenglisch fällt später auch im unmittelbaren Anschluß an die Schilderung der St.-Jürgen-Möglichkeit[64]; Norddeutschland scheint für Schmidt ein der deutschen Justiz ebenso unzugängliches Gelände zu sein wie Irland[65]. In – nun allerdings sehr drastischer – Überspitzung ließe sich sagen: dem militanten katholischen Klerus südlich der Mainlinie sucht Arno Schmidt zuerst auf die erzreaktionär-klerusabhängige Grüne Insel (man denke an Joyce, O'Casey, Beckett!) und dann in das Küsterhaus des Pfarramtes St. Jürgen zu entkommen!

Nun liegt, vulgärphilosophisch betrachtet, in jeder Lüge doch ein Fünkchen Wahrheit, und so ganz Unrecht hat Arno Schmidt ja auch wieder nicht, wenn er für sich in Anspruch nimmt, „in völliger Stille und Zurückhaltung zu leben": laut und grob pflegte er doch eigentlich nur in seinen Büchern und Aufsätzen zu werden; im zwischenmenschlichen Umgang (zu dem ein Mietverhältnis ja auch zu zählen ist) nahm er höchstens einmal die Brille ab. Daß Arno Schmidt außerhalb seiner Bücher gelegentlich eher

---

zweimal in seinem Leben in der Kirche: als er getauft wurde, und 1926 beim Platzregen".

63 Schmidt, *Der Briefwechsel mit Alfred Andersch*, a.a.O., S. 104 (Brief Nr. 113 v. 15.12.56).

64 Vgl. ebd., S. 133 (Brief Nr. 149 v. 9.10.57).

65 Als Schmidt in einem Brief an Werner Steinberg erstrebenswerte Wohngegenden in Niedersachsen diskutiert, lobt er die Emslandsümpfe, weil man in ihnen vor dem Gerichtsvollzieher sicher sei! Vgl. Schmidt, *Briefe an Werner Steinberg*, a.a.O., S. 25 (Brief Nr. 12 v. 23.1.56).

feige als heldenhaft agierte, zeigt vielleicht am eindringlichsten der *Briefwechsel mit Wilhelm Michels*. Wenn man so zwischen dem, was Literatur geworden ist an Arno Schmidt, und dem „‹schäbigen Rest› von 1 Menschen“[66] unterscheidet, stellt sich allerdings die Frage nach der Militanz des Atheismus schon etwas verfänglicher dar. „Arno Schmidt war in Darmstadt ein zurückhaltender und geschätzter Mitbürger“[67], das wird ihm selbst von offiziöser Seite bescheinigt; solche Stille und Unbescholtenheit *könnte* nun allerdings auch erst eine Selbstbescheidung als Folge der „Pocahontas“-Klage sein.

Schmidt ist nämlich – dem Klischee vom ungestümen und unhöflichen Schreckensmann zum Trotz – um diese Zeit schon in mancherlei Hinsicht darauf bedacht, einen reputierlichen Eindruck zu machen. Dazu gehört auch der Blick auf „*die* – für mich unschätzbare – Wirkung“, die er sich von seiner Pape-Sendung verspricht: „daß ich dadurch in Norddeutschland bei allen mir wichtigen Stellen, und aufs Unanstößigste [sic!], bekannt würde“[68]. ‚Unanstößig‘ will Schmidt nun wirken, wo mancher Leser von seinen frühen Büchern doch eher den Eindruck gewann, hier wolle jemand um jeden Preis rüpelhaft sein.

Das Ringen um die Ausstrahlung der Pape-Sendung ist mit dem um den St. Jürgener Wohnsitz durchaus liiert, wie wir schon gesehen haben und wie auch die von beidem erhoffte „Muße, das große ‚Lilienthal‘ zu schreiben“[69], andeutet. Erlaubt sei daher der Schluß, auch die Wohnungssuche im Küsterhaus habe nicht zuletzt dem

---

[66] Arno Schmidt, „Der Platz, an dem ich schreibe“, in Bargfelder Ausgabe, Bd. III/4 (Zürich: Haffmans 1995), S. 28-31, hier S. 31.

[67] Leserbrief von Heinz-Winfried Sabais (Magistratsrat, Kultur- und Pressereferent der Stadt Darmstadt) im *Spiegel* Nr. 26, 24.6.1959.

[68] Schmidt, *Der Briefwechsel mit Alfred Andersch*, a.a.O., S. 136 (Brief Nr. 153 v. 6.11.57 / an Heißenbüttel).

[69] Ebd., S. 132 (Brief Nr. 149 v. 9.10.57).

Ziel gegolten, ‚unanstößiges' Kapital anzuhäufen – daß eine gute Adresse zu manchem Erfolg verhelfen kann, kennt man auch aus anderen Zusammenhängen. So zeichnet sich die überraschend große Bereitschaft ab, Kompromisse einzugehen, um einerseits bei „wichtigen Stellen", d.h. wohl bei potentiellen Abnehmern, im Geschäft zu bleiben (bzw. mit ihnen ins Geschäft erst einmal zu kommen), um andererseits aber auch Quellen, die für die Arbeit am künftigen Werk benötigt werden, zu erschließen – die berüchtigten Kirchenbücher vor allem. Aber diese Art der Kompromißbereitschaft ist nicht nur ein Mittel, das dem Zweck eines weiterhin kompromißlosen Werks zu dienen hat, denn auch die Qualität des Werks hat sich zu diesem Zeitpunkt bereits geändert: der Atheismus *hat* bereits an Militanz verloren. Dem Inquisitor willkommene Stellen, wie sie oben in einer noch gar nicht einmal drastischen Auswahl zusammengetragen wurden, finden sich nämlich in den nach der „Pocahontas"-Affäre entstandenen Texten – gerade den fiktionalen – nicht mehr so schnell: die Angriffe auf die Kirche wandeln sich von plakativen Provokationen zu (vergleichsweise) harmlosen Sticheleien und Seitenhieben, und auch die körperliche Geschlechtlichkeit treibt ihr – an Eindringlichkeit gewiß nicht nachlassendes – Wesen zunehmend in weniger offenkundigen Textschichten.

Wenn Gisela Andersch meint, Schmidt riskiere mit seinen Küsterplänen „ein Mißverständnis", so fällt vielleicht sogar sie selber einem solchen anheim. Der Briefwechsel zu der Angelegenheit läßt kaum den begründeten Schluß zu, Schmidt habe als Wolf im Schafspelz der Kirche ans Genick gehen wollen; mit mindestens dem selben Recht könnte man meinen, hier werfe sich ein im Herzen eher frommes Lamm vor Andersch und anderen das Wolfsfell über. Daß Arno Schmidt zusehends die Fähigkeit entwickelte, sich ernsthaft mit Geistlichen und ihren Kindern zu beschäftigen, zeigt die nicht eben geringe Zahl von in Pastorenhaushalten großgewordenen Schriftstellern, denen er ab 1955 sein wohlwollendes Interesse gewidmet hat: Brockes, Pape natürlich, die Brontës, Frenssen, Lewis Carroll als einer der wichtigsten Anreger des Spätwerks; immerhin die Hälfte der „vergessenen Kollegen" aus dem Band *Die Ritter vom Geist* gehört in diese Kategorie.[70] Auch vergesse man nicht, daß unter den 72 in der *Fouque*-Dankesliste aufgeführten Personen mindestens 22 Geistliche sind.[71]

Arno Schmidt nichts weniger als ein militanter Atheist? Das wäre dann doch wohl etwas arg übertrieben; immerhin könnte es sein, daß die Ironie der Geschichte gar so grandios nicht war, wie Andersch vermeinte. Die Probe aufs Exempel freilich fand nicht statt; Arno Schmidt zog nicht nach St. Jürgen, sondern nach Bargfeld – zu seinem Gewinn und vielleicht auch zu dem des Pfarramts von Pastor Schulz. So blieb es am Ende bei der einen Pointe, in der rechten Kolumne von *Zettel's Traum*.

Nicht nur die Realität des Romans übrigens, sondern auch die außerliterarische ist für eine Pointe gut. Fast genau dreißig Jahre nach Schmidts vergeblicher Hoffnung findet sich im Schaukasten der ev.-luth. Kirchengemeinde St. Jürgen dieser Aushang[72]:

> Die Kirchengemeinde möchte das
> alte KÜSTERSCHULHAUS erhalten.

---

[70] Strenggenommen gehört natürlich auch Laurence Sterne dazu, der aber weißgott nichts weniger als ein Dichterpastor war.

[71] Vgl. Schmidt, *Fouqué*, a.a.O., S. 691. Mitgerechnet ist der Schweizer Schriftsteller Kurt Marti, der durch eine Herausgeberanmerkung im *Briefwechsel mit Alfred Andersch*, a.a.O., S. 131 (zu Brief Nr. 147 v. 23.9.57) als Pfarrer identifiziert wird.

[72] Gelesen und notiert vor der Kirche zu St. Jürgen am 20. November 1987.

> Wir stellen uns eine langfristige
> Nutzung vor.
> Das Haus ist renovierungsbedürftig.

Heruntergekommen ist das Gebäude, und der neue Nutzer müßte so manches ‚auf seine Kosten instand setzen lassen‘. Arno Schmidt allerdings hätte heute weniger denn je eine Chance:

> Interessenten sollten kirchlich
> orientiert sein.

Die Norwegen-Connection
Ein biographisch-touristischer Selbstversuch

Arno Schmidt verbrachte bekanntlich einige Jahre in Norwegen, aber ebenso bekanntlich war dies seine Fassung der leidigen ‚Weltreisen auf deutsche Art' und hatte mit Tourismus nichts zu tun. Man mag den Untertitel dieses Beitrags daher durchaus ein wenig despektierlich finden. Die gemeinte touristische Unternehmung ist freilich meine ganz ureigene, und die hatte mit Schmidt zunächst einmal gar nichts zu tun. Nur: wenn man denn schon einmal in eine der wenigen Weltgegenden fährt, in die es Arno Schmidt verschlagen hat, kann es nichts schaden, sich vorsorglich ein wenig kundig zu machen, für den Fall, daß sich doch irgendwelche Spuren ergeben sollten, die komplett zu ignorieren sträflich wäre. Was also sollte der nach Norwegen reisende Schmidtianer vorab wissen?

Daten, Namen, Orte

Es gibt zwei hauptsächliche Quellen, aus denen man sich für den hier interessierenden Bereich kundig machen sollte, nämlich zum einen die von Schmidt selbst stammende sehr knappe „Chronik" der Kriegsdaten[1] und zum anderen die laufende Forschungsarbeit Daniela Metts zum Thema, aus der allerdings bisher nur ein kleiner Teilbereich im Druck vorliegt[2]; hinzu kommen verstreute

---

1 Arno Schmidt, „Chronik", in *„Wu Hi?" Arno Schmidt in Görlitz Lauban Greiffenberg*, hg. v. Jan Philipp Reemtsma u. Bernd Rauschenbach (Zürich: Haffmans 1986), S. 203-206.

2 Daniela Mett, „‚(nur ‚historisch' intressant)'. Spuren Arno Schmidts in Norwegen", in *Zettelkasten 22. Aufsätze und Arbeiten zum Werk Arno Schmidts. Jahrbuch der Gesellschaft der Arno-Schmidt-Leser 2003*, hg. v. Gregor Strick (Wiesenbach: Bangert & Metzler 2003), S. 9-26. – In einer Fußnote (ebd., S. 9) wird eine umfassendere

Details in anderen Texten Schmidts. Schmidts „Chronik" enthält folgende einschlägige Einträge:

1942

26.3. Abreise von Lauban zum Einsatzland Norwegen.

26.3.-20.4. Anreise: Dresden, Bln. Hbg. off Helgoland Cap Skagen Christiansand (Süd) Drammen, Oslo, Dombås, Westnäs, Øveraasjöen am Romsdalsfjord

Aug (?) Urlaub: Hin & Rückreise über Schweden, Trelleborg, Saßnitz.

1943

Juni 43 (Abreise 30.6.?) Urlaub: Hin & Rückreise Schweden, Helsingborg, Helsingöer, Kopenhagen, Gjedser, Warnemünde

1944

Nov. Dienstreise: Andalsnes, Dombas, Drontheim & zurück (Augenarzt, neue Brille)

1945

14.1. Abfahrt von Øveraasjöen, Versetzung zur kämpfenden Front (freiwillige Meldung)

14.1.-30.1. Reise: Andalsnes, Dombas, Oslo, Arendal, Aarhus, Flensburg, Hamburg, Ratzeburg.[3]

Damit ist gewissermaßen der geographische Minimalradius des Schmidtschen Aufenthalts in Norwegen umrissen. Der Kriegskamerad Max Ames bestätigt die von Schmidt genannten Marschrouten[4], die im seltenen Falle

Darstellung der Autorin in der Reihe der „Hefte zur Forschung" für „spätestens 2004" avisiert; diese Arbeit ist jedoch noch immer nicht erscheinen und soll nach allem, was man hört, leider auch nicht mehr zu erwarten sein.

3 Schmidt, „Chronik", a.a.O., S. 203 f.

4 Vgl. „Erinnerungen an Arno Schmidt in Norwegen" von Max Ames, aufgeschrieben von Bernd Rauschenbach, in *„Wu Hi?"*, a.a.O., S. 211-215.

des Heimaturlaubs also stets über Schweden führten; die ausdrückliche Erwähnung einer Kurzreise zum Augenarzt nach Trondheim („Drontheim" ist die Namensversion der deutschen Besatzer), die von der Figur des Eugen Fohrbach in *Abend mit Goldrand* noch einmal in Erinnerung gerufen wird[5], suggeriert, daß Schmidt aus seiner Stellung in Øveråssjøen am Romsdalsfjord ansonsten überhaupt nicht herausgekommen ist. Ganz so scheint es jedoch nicht zu sein, wenn wir den Hinweisen in späteren Texten Schmidts Glauben schenken wollen. Dort werden nämlich in potentiell autobiographischen Passagen einige norwegische Ortsbezeichnungen genannt, die wir in der zitierten Chronik der Kriegsdaten nicht finden.

In *Das steinerne Herz* merkt der Erzähler zum Stichwort „Westnorwegen" an: „kenn ich Alles: Tyskebrüggen und Bergenhüs; dazu die Höhle des Berges Flöjen, wo 1665 Niels Klim in die untersten Örter der Hohlerden fuhr"[6]. Alle drei Ortsangaben beziehen sich auf die Hafenstadt Bergen, die in Schmidts Kriegsdatenchronik überhaupt nicht auftaucht. Nun müssen die Erinnerungsinhalte des fiktionalen Erzählers Walter Eggers mit denen des realen Autors Arno Schmidt natürlich auch nicht deckungsgleich sein; zumindest einen eigenen Besuch der Anhöhe nahe des Stadtzentrums von Bergen erwähnt Schmidt aber noch in zwei weiteren Texten. In „Die Meisterdiebe" lesen wir: „Sie kennen vielleicht Ludwig Holberg's ‹Niels Klim›?: Da klettert ein fürwitziger Student – sollte eigentlich ein

[5] Vgl. Arno Schmidt, *Abend mit Goldrand: eine MärchenPosse: 55 Bilder aus der Lä/Endlichkeit für Gönner der VerschreibKunst*, Bargfelder Ausgabe, Bd. IV/3 (Zürich: Haffmans 1993), S. 288: „wenn De ne Brille brauchtesD, mußtesDe se in Drontheim hol'n – dauerte 3 Tage".

[6] Arno Schmidt, *Das steinerne Herz: Historischer Roman aus dem Jahre 1954 nach Christi*, in Bargfelder Ausgabe, Bd. I/2 (Zürich: Haffmans 1986), S. 7-163, hier S. 63.

Pleonasmus sein! – in die Höhle des Berges Flöjen, bei Bergen in Norwegen – ich habe selbst einmal vor dem Eingang gestanden: heute führt eine Drahtseilbahn rauf"[7]; in dem erst kürzlich aus dem Nachlaß publizierten Fragment eines im Oktober 1957 entstandenen Holberg-Funkdialogs spricht Schmidt ganz ähnlich von der „Höhle des Berges Flöjen – ich bin mal mit der Drahtseilbahn raufgefahren"[8]. Es gäbe für Schmidt keinerlei Grund, einen eigenen Besuch des Schauplatzes in Bergen zu behaupten, wenn es einen solchen nicht gegeben hätte, und deswegen können wir wohl sicher davon ausgehen, daß Schmidt zu irgendeinem Zeitpunkt seines Dienstes in Norwegen mindestens einmal eine (möglicherweise dienstlich veranlaßte) Reise nach Bergen unternahm.

Etwas anders sieht es im Fall der „Geschichte auf dem Rücken erzählt" aus, deren Erzähler eine Anekdote um „drei Geologen, die ich dort einst im Dovrefjell getroffen hatte" ausspinnt: „Halbwegs zwischen Dombas und Jerkin brachte ein elender Steinblock, auf dem ich saß, die Herren ganz außer sich; ich mußte wahrhaftig aufstehen, und ihnen meinen Sitz zur Beute lassen"[9]. Es wäre unsinnig, das als biographische Mitteilung aufzufassen. Die Ortsnamen aber sind sehr wohl autobiographisch grundiert, denn als Schmidt seinerzeit zum Augenarzt nach Trondheim[10] fuhr, ist er nordöstlich von Dombås durch

---

[7] Arno Schmidt, „Die Meisterdiebe. Von Sinn und Wert des Plagiats", in Bargfelder Ausgabe, Bd. II/1 (Zürich: Haffmans 1990), S. 333-357, hier S. 339.

[8] Arno Schmidt, „Holberg", in *Fragmente. Prosa, Dialoge, Essay, Autobiografisches* (Frankfurt a.M.: Suhrkamp 2003), S. 178-200, hier S. 185.

[9] Arno Schmidt, „Geschichte auf dem Rücken erzählt" in Bargfelder Ausgabe, Bd. I/4 (Zürich: Haffmans 1988), S. 54-56, hier S. 54.

[10] Ob Schmidt womöglich noch mehrmals von Åndalsnes aus in Trondheim war, geht aus den wenigen bisher zugänglichen Quellen

das Dovrefjell und zwangsläufig auch durch den Ort Hjerkinn (noch heute Bahnstation) gekommen. Ähnlich steht es um die in *Zettel's Traum* anläßlich einer Kriegsanekdote auftauchende kryptische Angabe „zwischen ‚Verma=&=Otta'"[11], denn beides sind Bahnstationen auf dem Weg von Oslo nach Åndalsnes; allerdings liegt Otta südlich von Dombås (an der Hauptstrecke, die von Oslo über Dombås nach Trondheim führt) und Verma nordwestlich davon an der Raumabahn, einer Stichstrecke von Dombås nach Åndalsnes, die Arno Schmidt häufig benutzt haben muß. Auf die Raumabahn bezieht sich auch der Vermerk „7.6.1943, 16[16] beim Ausfahren aus der Station Lesja"[12], der sich auf einem Blatt des Entwurfs zu „Mein Onkel Nikolaus" findet. Dieser Vermerk steht im übrigen *nicht* im Einklang mit den zitierten Einträgen in der Kriegsdatenchronik (es sei denn, wir korrelieren ihn mit dem 1943er Eintrag „Juni 43 (Abreise 30.6.?) Urlaub" und gehen hypothetisch davon aus, Schmidts Urlaub habe tatsächlich schon drei Wochen früher begonnen); vermutlich ist Schmidt aus dienstlichen oder sonstigen Gründen häufiger in Dombås, dem für seinen Stützpunkt zuständigen Divisionshauptquartier, gewesen.

---

nicht hervor; wenn wir eine einschlägige Mitteilung in „Leviathan" als autobiographische verstehen, hat Schmidt dort jedenfalls (häufiger?) das Kino besucht. Vgl. Arno Schmidt, „Leviathan oder Die beste der Welten", in Bargfelder Ausgabe, Bd. I/1 (Zürich: Haffmans 1987), S. 33-54, hier 38: „Sieh da, der Schwellenreißer! In Drontheim, in der Wochenschau hab ich ihn gesehen". Zu möglichen Gründen von Reisen nach Trondheim vgl. auch Schmidt, *Abend mit Goldrand*, a.a.O., S. 188: „Wir habm n halbes Dutzend nach Drontheim, in de IrrenAnstalt, abgeliefert; (per BatterieKutter)."

11 Arno Schmidt, *Zettel's Traum* (Stuttgart: Goverts Krüger Stahlberg 1970), S. 1118 mm.

12 Mitgeteilt im Anhang zu Schmidt, *Fragmente*, a.a.O., S. 361.

Aus den bisher gesichteten Textstellen darf durchaus der Schluß gezogen werden, daß Schmidt offenbar überall in seinem Werk, wo er Orte in Norwegen benennt, auf solche zurückgreift, die er selbst gesehen hat. Das gilt selbst noch für einen autobiographisch eigentlich irrelevanten Eintrag wie den in *Fouqué*:

> nach Norwegen will er fahren, in die alte geistige Heimat, wo so viele seiner Dichtungen »spielen«: Drontheim=Nidaros; die Gigantenlandschaft von Romsdal; Stürme, die den riesigen Wasserleib über ein schlundhaftes Meer blähen – er ist nie dahin gelangt, auch nur einen seiner geistigen Räume mit leiblichen Augen zu schauen.[13]

Schmidt hatte seinem alten Liebling Fouqué in dieser Hinsicht alles voraus, teilte freilich gerade deshalb dessen Begeisterung für norwegische Landschaften keineswegs.

Paradoxerweise scheint es also so zu sein, daß man Schmidts norwegischen Lokalisierungen in seinen nicht-autobiographischen Texten in biographischer Hinsicht ‚trauen' darf, wohingegen einige der offen autobiographischen Mitteilungen Schmidts zum Thema („Als Artillerist sah er Frankreich, Norwegen und Eismeerfront"[14]; „Ich war ganz oben am Nordkapp; es war fürchterlich"[15]) an den tatsächlichen Gegebenheiten seines Aufenthalts in Norwegen weit vorbeigehen.

Ein weiterer Ort, der gelegentlich in Schmidts Texten auftaucht, ist die norwegische Kapitale Oslo. In *Brand's*

---

[13] Arno Schmidt, *Fouqué und einige seiner Zeitgenossen*, Bargfelder Ausgabe, Bd. III/1 (Zürich: Haffmans 1993), S. 339.

[14] Arno Schmidt, „Biographische Skizze", in *Fragmente*, a.a.O., S. 329 f., hier S. 329.

[15] Arno Schmidt, zitiert von Heinrich Droege, *Begegnung mit Arno Schmidt. Mit Briefen, 14 farbigen Bildern, Faksimiles* (Assenheim: BrennGlas Verlag 1985), S. 14.

Haide verlegt der Erzähler hierher eine traumhafte Gedankenszene:

> dachte an das alte verbaute Schloß Akershus im Mondschein (ich als Unteroffizier Anführer der lautlosen Scharwache, spitzwegmäßig); Herrn Ludwig Holberg, bronzen vorm Theater: Du Blitzkerl, und der Nils Klim; längs die Karl Johans Gate, mischten sich Överaas, Romsdal, Framhus [...].[16]

Akershus, Theater und Framhus sind reale Gegebenheiten aus Oslo, die Schmidt vermutlich selbst gesehen hat, denn durch Oslo ist er bei all seinen Fahrten zwischen Øveråssjøen und der Heimat gekommen: bei den Urlaubsheimfahrten 1942 und 1943 bestieg er in Oslo den Zug Richtung Süden durch Schweden[17], im Januar 1945 dann einen Truppentransporter. Natürlich war Schmidt bei diesen Anlässen immer nur auf der Durchreise, hatte aber offenbar Zeit, sich etwas in der Stadt umzuschauen. Im „Jan 1945 in Oslo“[18] kaufte Schmidt sich erstmals Adam Oehlenschlägers Roman *Die Insel im Südmeer*, und es existiert ein Bestellzettel der Universität Oslo vom 19. Januar 1945, demzufolge für „Uffz. Schmidt“ ein Buch angefordert wurde[19].

---

[16] Arno Schmidt, *Brand's Haide*, in Bargfelder Ausgabe, Bd. I/1, (Zürich: Haffmans 1987), S. 115-198, hier S. 127.

[17] Vgl. auch eine Notiz Schmidts auf der Rückseite eines Bahnhofsfotos, abgedruckt in Axel Dunker (Hg.), *Arno Schmidt (1914-1979). Katalog zu Leben und Werk* (München: edition text + kritik 1990), S. 45: „In O., 5 Minuten vor der Abfahrt. – Stell dir vor: du sitzt drin und weißt: den nächsten Tag um Mitternacht bist du zu Hause. – (18 Tage u. 3 Reisetage! Der Teufel soll's holen!)“

[18] Vorsatzeintrag Schmidts in einem später erworbenen Exemplar, mitgeteilt von Dieter Gätjens, *Die Bibliothek Arno Schmidts. Ein kommentiertes Verzeichnis seiner Bücher* (Zürich: Haffmans 1991), S. 295 (Nr. 670).

[19] Beilage zu einem Buch von Klas Johan Livijn, mitgeteilt von Gätjens, *Die Bibliothek Arno Schmidts*, a.a.O., S. 294 (Nr. 667).

Diese letzte Reise über Oslo hätte beinahe ein fatales Ende genommen. In *Kaff* läßt Schmidt seinen Protagonisten Karl Richter bemerken: „ich war 1 Mal, im Oslo=Fjord, durch den Schatten eines deutschen Kriex=Schiffs geschwomm'm"[20], und auch das scheint eine autobiographische Auskunft des Autors zu sein. Jörg Drews erinnert sich, einmal von Schmidt erfahren zu haben: „Daß er, Arno Schmidt, noch lebe, sei übrigens pure Glückssache. Auf der Rückverlegung von Norwegen nach Deutschland im Januar 1945 sei ihm in einer Woche drei Mal das Transportschiff unter dem Hintern versenkt und er mit knapper Mühe aus dem Wasser gefischt worden und nach Deutschland zurückgelangt"[21].

Wenn wir die bisher versammelten Daten Revue passieren lassen, so ergibt sich ein recht klares Bild. Arno Schmidt kannte von Norwegen vornehmlich fünf Bahnstrecken (vor allem Oslo-Dombås, Dombås-Åndalsnes und Dombås-Trondheim; aus dem April 1942 außerdem die Strecke Kristiansand-Drammen-Oslo und von den Urlaubsheimfahrten die Strecke Oslo-Göteborg-Helsingborg), weiterhin offensichtlich Bergen (das von Åndalsnes aus am günstigsten per Schiff, mit der Bahn nur auf dem weiten Umweg über Oslo zu erreichen ist) und natürlich von vermutlich vielen Fußmärschen das Gebiet zwischen Åndalsnes und Øveråssjøen und das nähere Umfeld am Romsdalsfjord. Erlebt hat er dabei offensichtlich wenig, was er der späteren Preisgabe für würdig befunden hätte; einzige Ausnahme ist die Reise zum Augenarzt nach Trondheim und schließlich der Hinweis, daß er in „der

---

20 Arno Schmidt, *Kaff auch mare Crisium*, in Bargfelder Ausgabe, Bd. I/3 (Zürich: Haffmans 1987), S. 7-277, hier S. 255.

21 Jörg Drews, „Those were the days, my friend, oder: ‚Zur Erinnerung an Ihren [= meinen] Werkstattbesuch'. Stunden bei und mit Arno Schmidt", in *Bargfelder Bote*, Lfg. 200 / 16. Juni 1995, S. 43-61, hier S. 55.

Nacht vom 23. zum 24. 12. 1944 [...] noch als Rekonvaleszent mit angebrochenem Fuß in einem kleinen norwegischen Krankenrevier“[22] gelegen habe. Wodurch diese Verletzung verursacht wurde und wie lange Schmidt deswegen im Lazarett war, ist zumindest den bisher zugänglichen Quellen nicht zu entnehmen.

Schmidts fast durchgängiger Aufenthaltsort während seiner norwegischen Jahre war also Øveråssjøen am Romsdalsfjord; seine Einheit dort war den Angaben Daniela Metts zufolge „die 3. Heeres-Küstenartillerie-Abteilung 288“[23]. Schmidt selbst freilich benennt (im „Leviathan“) seine Einheit mit dem Kürzel „21./976“[24], und das muß den Laien einigermaßen verwirren. In der von Bjørn Jervås erstellten umfassenden Übersicht über „German coastal defence in Norway during WW II“ wird die uns interessierende Einheit mit einem Eintrag geführt, der Schmidts eigene Bezeichnung bestätigt:

> HKB 21/ 976 Overaasjöen
> Equipped with 6 x 15,5 cm K425 (f), formed in June 1942[25]

Die Angabe der Bewaffnung (das „f“ steht für Waffen aus französischer Fabrikation, die bei der Invasion Frankreichs zu Kriegsbeginn erbeutet worden waren) deckt sich mit dem, was Eugen Fohrbach in *Abend mit Goldrand* auf die Frage, was denn am norwegischen Stützpunkt „ei’ntlich so an ›Faulen Greten‹ aufgestellt“ gewesen sei, ant-

---

22 Arno Schmidt, „An die Rowohlt Verlag GmbH“, in Bargfelder Ausgabe, Bd. III/3 (Zürich: Haffmans 1995), S. 92 f., hier S. 92.

23 Mett, „‚(nur ‚historisch‘ intressant)‘“, a.a.O., S. 10.

24 Schmidt, „Leviathan oder Die beste der Welten“, a.a.O., S. 38.

25 Bjørn Jervås, „Festung Norwegen. German coastal main defence in Norway during WW II (Includes the Petsamo area in Finland)”, im Internet: www.nuav.net/festnorw.html; hier: www.nuav.net/coastgr4.html#ålesund.

wortet: „abgeseh'n von dem kleineren Zeugs – (so leichte Flak; Granatwerferchen; MG's) – 6 schwere (französische) Geschütze."[26] In der Tat hat Jervås richtig recherchiert; Daniela Mett freilich mindestens ebensosehr. Die Organisation der verschiedenen deutschen Truppenteile scheint an gelegentlich ineffektiven und verwirrenden Kommandostrukturen gelitten zu haben, die teilweise daraus resultierten, daß häufig Abteilungen der Heeres- und der Marineartillerie zu übergeordneten gemeinsamen Einheitsgruppen zusammengefaßt wurden, in denen wichtige Kommandostellen gleichsam doppelt besetzt waren; nicht nur deshalb kam es zu häufigen Verlegungen oder Umbenennungen einzelner Batterien. Daniela Mett teilt mit, daß „Ende 1943 drei Viertel der 181. Infanterie-Division mit Stab in Dombaas abgezogen" und dafür „die 295. Infanterie-Division, eine mit Reservisten wieder aufgestellte Einheit, nach Norwegen" versetzt worden sei.[27] Wir müssen deswegen, wenn uns die Kommandostrukturen interessieren, in die Arno Schmidts Einheit eingebunden war, den Stand zu Beginn seines Einsatzes in Norwegen vom Stand zu Ende dieses Einsatzes klar trennen:

1. Der Status quo der ersten Jahre ist der, den Daniela Mett in ihrem Beitrag mitteilt. Schmidt diente in der Schreibstube der 3. Heeres-Küstenartillerie-Abteilung 288 (HKAA 3/288) in Øveråssjøen, einem von vier solchen Stützpunkten, die zu einer Artillerie-Gruppe zusammengefaßt waren; kommandiert wurde diese Gruppe durch Major Anton Fremy von Vestnes aus; zusammen mit drei weiteren Gruppen bildete man die (aus insgesamt 31

---

[26] Schmidt, *Abend mit Goldrand*, a.a.O., S. 288.
[27] Mett, „„(nur ‚historisch' intressant)"", a.a.O., S. 21.

Batterien bestehende) 181. Infanterie-Division mit Sitz in Dombås.[28]

2. Zuletzt war Schmidts (weiterhin in Øveråssjøen stationierte) Einheit die Heeresküstenbatterie (HKB) 21/976; zusammen mit drei benachbarten Einheiten (HKB 19/976 in Sekken, HKB 20/976 in Eidsbygda und HKB 22/976 in Rekdal, alle drei bereits seit Mai/Juni 1941 einsatzfähig) bildete sie die Artilleriegruppe Romsdal, die als HKAA II/976 (zeitweilig auch als HKAA 447) von Vestnes aus geführt wurde; als Kommandanten gibt auch Jervås Major Fremy an. Die Artilleriegruppe Romsdal bildete zusammen mit den Artilleriegruppen Kristiansund (HKAA I/976 bzw. HKAA 486), Ålesund (HKAA III/976 bzw. HKAA 285) und Stadtlandet (HKAA IV/976, Sitz in Kobbevik) den Territorialabschnitt Molde, kommandiert durch die Infanterie-Division 295 in Dombås (unter Generalleutnant Rhein) mit einer weiteren Befehlszentrale in Molde (unter Kapitän zur See Wiarda und Oberleutnant Hanauer).[29]

In der von Bjørn Jervås erstellten Kompilation sind in vielen Fällen auch die früheren Bezeichnungen einzelner Küstenbatterien enthalten. Daraus ergibt sich u.a., daß die HKB 18/976 Gossen-Süd zunächst unter der Bezeichnung 1/288 und die HKB 5/981 Florøy zunächst als 2/288 geführt wurde; beide Einheiten wurden Jervås zufolge im Oktober 1941 in Straßburg aufgestellt und waren im Juni/Juli 1942 einsatzbereit.[30] Da Schmidts (zum selben

---

[28] Vgl. ebd., S. 10 f.

[29] Vgl. Jervås, a.a.O., www.nuav.net/coastgr4.html#ålesund.

[30] Vgl. Jervås, a.a.O.; die Angaben zur HKB 5/981 auf der Webpage www.nuav.net/ coastgr3.html#Førde.

Zeitpunkt einsatzfähige) Einheit nach Auskunft von Mett zunächst unter der Bezeichnung 3/288 geführt wurde, müssen wir vermuten, daß diese drei Einheiten gemeinsam vom Elsaß aus (wo Schmidt bekanntlich 1941 in Hagenau stationiert war) auf den Einsatz in Norwegen vorbereitet wurden und sozusagen eine ‚elsässische Achse' an der norwegischen Küste darstellten. In diesem Zusammenhang scheint die Namenswahl von Eugen Fohrbach in *Abend mit Goldrand*, die offenbar auf das Städtchen Forbach in Elsaß-Lothringen (den Geburtsort Johann Fischarts) zurückgeht, erst recht kein Zufall mehr, und auch die Tatsache, daß Schmidt von seinem vermutlich in Norwegen entstandenen Frühwerk „Pharos" mehrmals behauptete, er habe es in Hagenau geschrieben, könnte im Licht dieser ‚elsässischen Achse in Norwegen' Anlaß zu Spekulationen geben.

Dem soll an dieser Stelle freilich nicht nachgegangen werden, denn es gibt noch weitere Daten zusammenzutragen: Namen vor allem. Der Major Fremy, der sowohl von Daniela Mett als auch von Bjørn Jervås als Kommandant in Vestnes angegeben wird, taucht auch in Arno Schmidts Werk auf, und zwar in „Massenbach": „Offizier zu werden habe ich allerdings verweigert, obwohl sich Herr Fremy aus Hattingen an der Ruhr, damals Major und einer meiner vielen Vorgesetzten, keine Gelegenheit, mich mit Gewalt dazu pressen zu wollen, entgehen ließ."[31] Weitere Namen nennt Schmidt im „Leviathan": „die Kommandanten von Oeveraas, 21./976, die Schweine, Zeller an der Spitze; außer Dittmann und Georg"[32].

---

[31] Arno Schmidt, „Massenbach. Historische Revue", in Bargfelder Ausgabe, Bd. II/1, a.a.O., S. 7-104, hier S. 101.

[32] Schmidt, „Leviathan oder Die beste der Welten", a.a.O., S. 38. – Den Namen „Dittmann" verwendet Schmidt dann noch einmal (ohne offenen autobiographischen Bezug) in einer seiner kürzeren

Der „Hauptmann und Batteriechef Georg“[33] wird auch von Schmidts Kriegskamerad Max Ames erwähnt, wohingegen über Zeller und Dittmann aus den bislang zugänglichen Quellen nichts zu entnehmen ist. Ames nennt außerdem einen „Oberstleutnant Mattner“ als ersten Chef des Stützpunkts, einen „Spieß Ernst Blome“ sowie einen „Gestapo-Mann namens Graf“[34] (dieser taucht in Schmidts Texten nicht auf) sowie als „Schmidts Nachfolger in der Schreibstube“[35]einen gewissen Erich Kendzia, aus dem Schmidt in „Seelandschaft mit Pocahontas“ dann ja seinen Erich Kendziak gemacht hat. Sowohl Kendzia (ohne -k) als auch Blome werden von Schmidt erwähnt als mögliche Auskunftspersonen für biographische Nachforschungen über seine Kriegsjahre: „Ernst Blome, früher in Gohfeld b. Bad Oeynhausen. / Erich Kendzia (wo?)“[36]

Mit all dem hätten wir an Daten, Orten und Namen zu Schmidts Norwegen-Connection wohl alles beisammen, was bisher öffentlich zugänglich ist; mehr wird uns hoffentlich bald die umfassende Studie von Daniela Mett vorlegen. Wer sich auch atmosphärisch auf eine Norwegenreise mit Schmidts Erlebnissen im Hinterkopf einstellen möchte, sollte sich zudem noch den 1944 in Oslo verlegten Band *Norwegen in Bildern* besorgen, der sich in Arno Schmidts Nachlaßbibliothek findet.[37] Auf den Fotos

---

Erzählungen. Vgl. Arno Schmidt, „Zählergesang“, in Bargfelder Ausgabe, Bd. I/4, a.a.O., S. 103-106, hier S. 105 u. 106.

33 Ames, „Erinnerungen an Arno Schmidt in Norwegen“, a.a.O., S. 212.

34 Ebd.

35 Ebd., S. 215.

36 Arno Schmidt, „Materialien für eine Biografie“, in *„Wu Hi?“*, a.a.O., S. 13-23, hier S. 16.

37 *Norwegen in Bildern* (Oslo: Norden Forlag 1944). Der (leider unpaginierte) Band enthält ein kurzes Vorwort von zwei Seiten, in dem die Bedeutung der norwegischen Ressourcen (speziell: Holzindustrie, Wasserkraft, Bergbau) für die deutsche Kriegswirtschaft

dieses propagandistisch unterfütterten Nazi-Machwerks sind viele der Örtlichkeiten dargestellt, die Schmidt gesehen hat, nämlich laut Bildlegenden u.a.: „Oslo, Festung Akershus“, „Oslo, Schloss mit Karl Johan Strasse“, „Oslo. Das Framhaus auf der Halbinsel Bygdøy in dem Nansens Polarschiff, die Fram, zu sehen ist“, „Oslo, Universität“, „Oslo, Nationaltheater mit Stortingstrasse“, Bergen, [...] Hafenansicht mit Bergenhus“, „Bergen, Die Deutsche Brücke, eine Häusergruppe aus der Hansezeit“, „Drontheim, der Nidarosdom“, „Das Romsdalshorn“, „Der Isefjord, Romsdal“, „Die Trollgipfel in Romsdal“, „Bispen und Kongen, zwei Gipfel im Romsdal“. Trotz seiner bekannten Abneigung gegen norwegische Fjord- und Gebirgslandschaften hat Schmidt diesen Band aufbewahrt, womöglich als Gedächtnisstütze. Für *Abend mit Goldrand* hat er ihn vermutlich wieder hervorgekramt; eine sarkastische Nebenbemerkung des Norwegen-Veteranen Fohrbach („Überschneite stille GarnisonsStraßen hättesDu dort freilich nicht angetroff'n“[38]) mag auf das eine oder andere kitschige Schneestilleben in diesem Band zurückgehen, etwa „Winterzauber“ oder „Malerisches Winterbild aus Nordmarka in der Umgebung Oslos“.

---

herausgestrichen wird; das Werk richtet sich ausdrücklich an jeden „deutschen Soldaten, den das Schicksal während des Krieges nach Norwegen geführt hat“, und um Zweifel an der dahintersteckenden Weltanschauung gar nicht erst aufkommen zu lassen, präsentiert das allererste Foto einen bärbeißigen norwegischen Fischer und dazu die Legende: „Der nordische Mensch ist Träger wertvollster germanischer Blutwerte.“ – Die Präsenz des Buches in Schmidts Bibliothek wird verzeichnet bei Gätjens, *Die Bibliothek Arno Schmidts*, a.a.O., S. 364 (Nr. 930).

[38] Schmidt, *Abend mit Goldrand*, a.a.O., S. 287.

Der Selbstversuch

Vorstehend hätten wir also das Datengrundgerüst versammelt, ohne welches kein passionierter Schmidt-Forscher nach Norwegen aufbrechen sollte – ich muß freilich gestehen, daß ich es mir erst *nach* meiner Reise zurechtlegte. Als ich mich vor langen Jahren einmal weigerte, biographische Nachforschungen ohne schlechtes Gewissen zu betreiben, hat Dieter Paul Rudolph das als „einen schwerwiegenden Fall von Arbeitsverweigerung"[39] angeprangert – falls Rudolph wider Erwarten doch noch Schmidtbezügliches zur Kenntnis nehmen sollte und sich nicht nur noch für *Joni Mitchell und einige ihrer Zeitgenossen*[40] interessiert, wird er mir neue Vorwürfe machen können. Ich reiste also mit dem ausdrücklichen Vorsatz nach Norwegen, mich um Schmidt nicht zu scheren, visierte zwar das Fjordland an, rechnete aber nicht damit, so weit nach Norden zu kommen, daß die Gefahr der Schmidtrelevanz bestehen könnte; als ich dann doch bis an den Romsdalsfjord gelangte, verzichtete ich auf den kleinen Schlenker nach Øverås oder auch nur Vestnes; ich machte mir nicht einmal die Mühe, das gegenüber des Campingplatzes von Måndalen prangende große Fabrikschild „Romsdal Bygg AS" zu fotografieren und den Schnappschuß späterhin mit kalauernden Kommentaren herumzureichen. Selbst wenn ich vorher gewußt hätte, daß auf einer Insel am Nordrand des Romsdalsfjords die „Gossen Collection of War Memorabilia"[41] besucht werden kann, hätte ich auf einen solchen Besuch verzichtet,

---

[39] Dieter Paul Rudolph, *Poetraum 4* (Blieskastel: Selbstverlag 1989), S. 11.

[40] Vgl. Dieter Paul Rudolph, *Joni Mitchell und einige ihrer Zeitgenossen* (Balve: Star Cluster 2000).

[41] In Røssøyvågen auf der Insel Gossa, Telefon (0047)71171500, geöffnet Ende Juni bis Anfang August.

ebenso wie auf den der restaurierten Küstenstellung Ergan in Bud[42] noch einen Steinwurf weiter nördlich, wo die Heeresküstenbatterie 17/976 gesessen hatte. Inzwischen weiß ich, daß an der langen norwegischen Küste heute etliche deutsche Geschützstellungen zu Museen umgebaut worden sind, so etwa Tellevik (HKB 36/977), Kvarven bei Bergen (MKB 1/504) oder Husvik (HKB 25/978)[43], allerdings graut mir nicht nur vor der zweifelhaften Kundschaft solcher Einrichtungen, sondern ich kann mir auch kaum vorstellen, daß der Besuch dieser schmuck aufbereiteten Stätten irgend von Erkenntniswert sein könnte, was den Schmidt-Konnex betrifft. In Øveråssjøen hat man, wie ich mit Befriedigung vermerke, aus den deutschen Kriegshinterlassenschaften offenbar kein Museum gemacht; aus zwei Abbildungen in einem norwegischen Presseartikel über die Forschungen Daniela Metts[44] ziehe ich immerhin den Schluß, daß dort noch einige Trümmer oder Ruinen vorhanden sind, und alles weitere wird dann wohl bald dem buchgewordenen Resultat dieser Forschungen zu entnehmen sein.

---

[42] Ergan Kystfort, Bud, Telefon (0047)71261518, geöffnet 1. Juni bis 31. August. Vgl. auch im Internet: www.maue-online.de/reisen/norge/ergan/.

[43] Vgl. auch Harry Lippmann, *Militärmuseen in Nordeuropa*, 5., stark erweiterte Auflage (o.O.: Deutsches Atlantikwall-Archiv 2003). – Dieses Werk, das offenbar auf so große Nachfrage stößt, daß in rascher Folge Neuauflagen nötig sind, entstammt dem Kontext eines Personenkreises, der sich auch im Internet um die museale Verwaltung und Besuchbarkeit von Relikten deutscher Weltkriegsbauten bemüht: http://deutschesatlantikwallarchiv.de/aw/norwegen/norwegen.htm.

[44] Vgl. Jorulf Myrene, „Jakta på Arno Schmidt“, in *VestnesAvisa*, 8. Jg., Nr. 31, 21.8.1996, S. 20. Ein im Inhaltsverzeichnis dieser Ausgabe abgedrucktes Foto zeigt Daniela Mett, wie sie durch eine Schießscharte schaut.

Damit hätte es sein Bewenden haben können, aber erwischt hat's mich dann doch noch, und gänzlich unverhofft. An einem der schönsten Augustsonntage schlenderte ich vormittags durch Ålesund, doch die Sonne brannte ihre Verlockungen vom Himmel (das kommt vor, selbst an der norwegischen Westküste) und zog mich ans noch offenere Wasser. Vor Ålesund, im Westen und Norden der Stadt, liegen vier Inseln im Meer, alle mit einander und dem Festland durch Brücken und Untermeerestunnel verbunden; die nördlichste ist die größte und flachste: Vigra. Weil sie so flach ist und in der ganzen Gegend den meisten Platz hat, liegt dort heute der Flughafen von Ålesund, doch nicht auf den hatte ich es abgesehen, sondern auf das Fischerdörfchen Roald an der Nordostspitze, das der Karte zufolge beste und sonnigste Sonntagnachmittagsruhe versprach. Von der Hafenmole aus hat man einen hübschen Blick in die Mündung des Romsdalsfjords (also doch!); gleich daneben gibt es einen klitzekleinen Sandstrand, völlig menschenleer, auf dem meine liebreizende Begleiterin ein wenig zu dösen gedachte, und ich selbst hatte es auf einen Hügel etwas weiter abgesehen, einen kleinen steilen Buckel, der sich über der Nordküste von Vigra aufwirft. Der erste Versuch, ihn auf geradem Wege durch die Feld-, Wald- und Wiesenmark zu erklimmen, endete im Sumpf mit nassen Füßen, und ich mußte doch Zuflucht zu ausgetretenen Pfaden nehmen; erst als das Terrain anzog, wurde es trockener, ich wich selbstredend von den Pfaden ab, auf das Gipfelchen besagten Hügels zu, wo mitten auf der Buckelwiese ein kleines Bauwerk vor sich hin zerfiel, vielleicht ein Weideschuppen, wie ich vermeinte – der sich dann aber als was erwies? Ganz recht! Ich war da ebenso ungewollt wie unverhofft in die nach einem Halbjahrhundert erstaunlich gut erhaltenen Reste einer deutschen Küstenbatterie geraten, stolperte buchstäblich über Bunker und Unterstände, die in den

Blick vom Stützpunkt Vigra in den Einlass zum Romsdalsfjord

Geschütze und Bunker sind weitgehend in den Fels eingebaut

Berg eingegraben worden waren (und heute offensichtlich dem Vieh als Zuflucht bei Schlechtwetter dienen), starrte völlig waffenlos durch eine dieser Schießscharten in den Romsdalsfjord hinaus und machte von der Höhe aus rund um mich herum die mehr oder weniger stark in den Berg eingegrabenen Sockel von Geschützen aus. Die Kanonen selbst sind natürlich nicht mehr da, wohl aber die verrosteten schwenkbaren Untersätze, auf die sie einmal montiert waren. Ein Blick auf die Fotos, die ich diesem Beitrag beigebe, werden zumindest einen ersten Eindruck von der heutigen Beschaffenheit dieser Geschützstellung geben, denn sie wurden allesamt hier aufgenommen – im August 2003. Die Bilder zeigen also nicht, wie der oberflächliche Durchblätterer dieses Buches vermuten könnte, Arno Schmidts Stützpunkt, sondern einen anderen, vermutlich ganz ähnlichen, rund 30-40 Kilometer Luftlinie weiter westlich an der offenen See gelegenen, dessen Sinn und Zweck es offenbar war, jenen Einlaß in den Romsdalsfjord zu sichern, an dem Arno Schmidt die längsten Jahre seines Lebens verbrachte. Ist Schmidt selbst damals vielleicht sogar einmal auf Vigra gewesen? Das weiß, wenn überhaupt, wohl nur ein Mensch auf dieser Welt, nämlich Daniela Mett. Da ich es vor Ort keineswegs wußte, malte ich mir wenigstens dies und jenes aus, denn von verlassenen Trümmern und Ruinen wird der Möglichkeitssinn bekanntlich viel besser angeregt als von adrett rekonstruierenden Museumsanlagen, das hat auch Arno Schmidt gewußt, wie die Erzählung „Schwarze Spiegel“ hinlänglich zeigt.

Fährtennachlese

Es versteht sich von selbst, daß ich mich nach der Rückkehr aus Norwegen dann doch noch etwas intensiver in die Materie einlas, als ich das zuvor für nötig gehalten hatte. Bjørn Jervås gibt über die Stellung, in die ich da hineingeriet und die zur Artilleriegruppe Ålesund (der Nachbargruppe der Schmidtschen) gehörte, folgende Auskunft:

HKB 32/ 976 Vigra (578)
Equipped with 4 x 10,5 cm K331(f) guns, range 12 000 m. Ready in June 41.[45]

Die Bestückung sah also doch etwas anders aus als die der Schmidtschen Batterie: nur vier statt sechs Kanonen, zudem von etwas kleinerem Kaliber. Für einen militärischen Laien wie mich dürften die beiden Stützpunkte dennoch ungefähr vergleichbar gewesen sein, zumal auch die Batterie in Øveråssjøen zwar von steilen Bergen umstanden, selbst aber auf relativ flachem Gelände erbaut war, über das sich nur ein kleinerer Felsbuckel zieht.

Und an dieser Stelle sei ein kleiner Atemholer erlaubt, vielleicht sogar die Besinnung auf die Sinnfrage: wozu ist es gut, solchen Dingen überhaupt nachzugehen? Muß ich gar damit rechnen, man könne mir vorhalten, einen „militarismusbegeisterten Forschungsbeitrag“ geleistet zu haben, der sich „in völlig unnötigen Detailerläuterungen zur nationalsozialistischen Kriegskunst“[46] ergeht? In der Hoffnung, solchen Anwürfen den Wind aus den Segeln zu nehmen, möchte ich zum Beschluß zwei kleine Entdeckungen vorlegen, die ich im Rahmen meiner keineswegs „militarismusbegeisterten“ Nachforscherei machte. Ausgangspunkt war in beiden Fällen die genaue Durchsicht der Auflistung aller deutschen Küstenbatterien in Norwegen von Bjørn Jervås, einer Quelle, von der ich nur zu gut weiß, daß sie nicht von jedem Schmidt-Leser mit sonderlich großer Begeisterung zu Rate gezogen werden würde.

---

[45] Jervås, a.a.O., www.nuav.net/coastgr4.html#ålesund.

[46] Jan Süselbeck, *‚Arse=tillery + Säcksualität‘. Arno Schmidts Auseinandersetzung mit Gustav Frenssen* (Bielefeld: Aisthesis 2001), S. 135 (Fußnote 355); Süselbeck geißelt auf diese Weise die Forschungen Wolf-Dieter Krügers zu Schmidts Kriegsenderlebnissen bei Vechta.

Da sind zum einen Jervås' Hinweise auf eine „Artilleriegruppe Örlandet" (Marine-Artillerie-Abteilung 507 mit Sitz in Lørberen) im Territorialabschnitt Trondheim, gebildet aus drei Heeres- und zwei Marineküstenbatterien sowie einer Flakeinheit, die Jervås unter der Bezeichnung „Gem. Flakabt. 265 (v) Ørland" führt.[47] Ørland? Man wird verstehen, daß ich mich nicht enthalten konnte, bei dieser geographischen Bezeichnung sofort an den Öreland-Traum in Schmidts Erzählung *Brand's Haide* zu denken. Heinrich Schwier deutet den Namen „Öreland" als Variation auf „Goldland"[48]; ich selbst habe ergänzend auf den Namen des Konquistadors und Goldsuchers Orellano in Richard A. Bermanns Buch *Das Urwaldschiff* hingewiesen[49] – aber bei alldem steht doch außer Frage, daß das „Öreland" topographisch auf Schmidts Norwegen-Erfahrungen zurückgeht, und da liegt die Vermutung nahe, daß Schmidt bei der Namenswahl auch das reale Ørlandet (eine Halbinsel nordwestlich von Trondheim) im Hinterkopf hatte, zumal er nicht der erste wäre, der diesen Namen als „Öreland"[50] eindeutscht. (Auch der im Öreland-

---

[47] Jervås, a.a.O., www.nuav.net/coastgr4.html#Art.Gr. Ørlandet.

[48] Heinrich Schwier, *Lore, Grete & Schmidt. Ein kommentierendes Handbuch zu Arno Schmidts Roman „Brand's Haide"* (München: edition text + kritik 2000), S. 60.

[49] Vgl. Friedhelm Rathjen, „Ein Bummel durch die Bibliothek. Miszellen zu einigen Lektüren Arno Schmidts", in *Bargfelder Bote*, Lfg. 255-256 / September 2001, S. 3-21, hier S. 6.

[50] Vgl. [L. Barhow], *Richtig angestellte und aufrichtig mitgetheilte Observationes von dem seit eines halben Seculi sich in den meisten europäischen Ländern sehr merklich zeigenden und bekannt gewordenen Phaenomeno, unter dem Namen von Nord-Licht. Worinn dessen Historie, seine Bewegungen, Vorstellungsarten, Zeiten, Orten und Hindernisse seiner Erscheinung, als auch, was aus dergleichen Wahrnehmungen sicher kann geschlossen werden. Nebst einer beygefügten Hypothesi, dessen Ursprung und Ursache [...].* Dargelegt und herausgegeben von L. Barhow, Pastor auf

Traum auftauchende Ortsname „Glimma“[51] läßt sich auf eine reale geographische Bezeichnung zurückführen, denn dies ist eine Alternativbezeichnung für einen meist „Presteidstrømmen“ genannten Meeresfjord bei der nordnorwegischen Insel Hamarøy, die auch in Knut Hamsuns Roman *Das letzte Kapitel* auftaucht[52].)

Und da ist zum anderen und vor allem eine Fährte, die sich aus Jervås' Angaben für eine Stellung innerhalb der „Artilleriegruppe Drontheim-Ost“ ergibt:

> Torpedobatterie Hasselvik
> Established in April 40 w/ the rear torpedo tube (4 x 53 cm) from the vessel “Paul Jacobi”.[53]

Der Schmidt-Leser, der nur zu gut weiß, daß Paul Jacobi eine der Hauptfiguren in *Zettel's Traum* ist, wird mir nachfühlen können, daß ich bei diesem Hinweis fast vom Stuhl gefallen wäre. „Paul Jacobi“ hieß also ein an der norwegischen Küste eingesetztes Kriegsschiff? Das muß Arno Schmidt zweifelsohne gewußt haben; sollte es sich dabei womöglich sogar um jenes Kriegsschiff gehandelt haben, durch dessen Schatten Karl Richter (und vermutlich ebenso Arno Schmidt) im Januar 1945 im Oslofjord geschwommen ist?

Die Geschichte jenes Schiffes zeigt allerdings, daß das nicht möglich ist. Der Zerstörer Z 5 „Paul Jacobi“ lief am

---

Oereland, ohnweit Drontheim in Norwegen (Frankfurt a.M.: Mumme 1751).

51 Schmidt, *Brand's Haide*, a.a.O., S. 126.

52 Ermittelt über eine elektronische Suche im „Project Gutenberg Ebook“ der englischen Übersetzung. Vgl. Knut Hamsun, *Look Back on Happiness*, im Internet: http://etext.library.adelaide.edu.au/pg/ etext05/ 8lbhp10h.htm. Die geographische Bezeichnung taucht gleich auf den Eingangsseiten auf: „Is the crack of the ice in the Glimma light and dry, or deep and long?“

53 Jervås, a.a.O., www.nuav.net/coastgr4.html#Art.Gr.Trondheim-øst.

24. März 1936 in der Bremer Werft Deschimag vom Stapel und war ab April 1938 vielfach in norwegischen Gewässern im Einsatz: zunächst zu Schießübungen, 1939/40 dann im Rahmen des „Handelskriegs“ im Skagerrak. Die „Paul Jacobi“ transportierte im April 1940 im Verlauf der Operation „Weserübung“ (dies der Deckname für die deutsche Invasion in Norwegen) 200 Gebirgsjäger von Cuxhaven nach Trondheim; in den Folgejahren war der Zerstörer an diversen Operationen an der Küste Norwegens beteiligt, bis er im September 1943 zum Geleit des Schweren Kreuzers „Lützow“ nach Kiel verlegt wurde und dort in die Werft ging. Danach scheint die „Paul Jacobi“ nur noch im Ostseeraum im Einsatz gewesen zu sein, wo er häufig schwere Schäden erlitt; am 7. Mai 1945 wurde sie außer Dienst gestellt, schließlich von den Engländern übernommen und in französische Dienste übergeben, wo sie unter dem neuen Namen „Desaix“ lief und 1951 abgewrackt wurde.[54] An Arno Schmidts dramatischen Erlebnissen im Januar 1945 im Oslofjord kann der Zerstörer „Paul Jacobi“ also nicht beteiligt gewesen sein. Wenn Schmidt das Schiff in Norwegen mit eigenen Augen gesehen hat, dann nur in den ersten Monaten seinen Einsatzes dort.

Für den fraglichen Zerstörer gab es natürlich auch einen Namensgeber: das war der Korvettenkapitän Paul Jacobi, im ersten Weltkrieg „Chef der 17. Torpedo-Hochseeflottille“, der am 13. Februar 1915 „bei der Sicherung der 2. Minensuchdivision gefallen“[55] ist. Daß Schmidt eine der wichtigsten Figuren in *Zettel's Traum* nach diesem obskuren Marineführer benannt haben könnte, erscheint völlig

[54] Alle Angaben nach Matthias Edel, „Power at Sea“, im Internet: www.geocities.com/ Pentagon/Quarters/5768/z5_jacobi1.html.

[55] Bundesmarine, „Z 5 Paul Jacobi“, im Internet: www.bundesmarine.de/made/ dmbas.nsf/CurrentBaseLink/N255ASY5973MMISDE.

abwegig; wir müssen also sehr davon ausgehen, daß Daniel Pagenstechers Schulfreund in der Tat nach dem mit dem Norwegenfeldzug assoziierten Kriegsschiff seinen Namen erhielt. Aber warum das? Paul Jacobi ist Übersetzer, wenn es dafür ein Sinnbild in Gestalt eines Schiffes geben könnte, sollte das wohl eher eine Fähre sein, allenfalls noch ein Truppentransporter, aber gewiß kein Zerstörer. Von feinsinnig übers Knie gebrochenen Deutungen à la ‚der Poe-Übersetzer als (Selbst-)Zerstörer' möchte ich mich vorsichtshalber fernhalten; auch nicht sonderlich plausibel scheint mir die These, Schmidt habe seinen Gegenpart in *Zettel's Traum* auf den Namen eines in Norwegen eingesetzten Kriegsschiffs getauft, weil ein anderes solches, das freilich schon 1940 sank, fast so geheißen hat wie er selbst: der Zerstörer Z 22 „Anton Schmitt"[56]. Ich halte es keineswegs für ausgeschlossen, daß Schmidt bei der Arbeit an *Zettel's Traum* gar nicht mehr bewußt war, woher er den Namen „Paul Jacobi" kannte. Verdrängung als Bewältigungsstrategie – warum nicht?

---

[56] Bundesmarine, „Z 22 Anton Schmitt", im Internet: www.bundesmarine.de/made/dmbas.nsf/CurrentBaseLink/N255ASXS942MMISDE. Das Schiff ist am 10. April 1940 im Hafen von Narvik nach Torpedobeschuß gesunken.

Mit dem Tandem nach Hamburg
Korrektur einer Arno-Schmidt-Legende

Die Legende, um deren Überprüfung und Korrektur es hier gehen soll, gehört seit fast fünfzig Jahren zum festen Bestand der Anekdoten um Arno Schmidt. In verknappter Form hat sie Eingang ins biographische Grundgerüst gefunden und lautet dann folgendermaßen: „**1949** radelt er nach Hamburg, um Ernst Rowohlt und den Lektor Kurt W. Marek (C. W. Ceram) im Rowohlt-Verlag zu treffen.“[1] Erstmals öffentlich lanciert wurde sie 1967 von Walter Kiaulehn in dessen Buch *Mein Freund der Verleger*, und zwar in folgender Gestalt:

> Wie für alle Lektoren, die Ernst Rowohlt beschäftigte, war es auch für Kurt W. Marek immer wieder überraschend, zu erleben, wie grundanders Rowohlt Menschen und Dinge empfand, als man es erwartet hätte. Als Marek das erste Stück eines Manuskripts ‚*Leviathan*‘ gelesen hatte, war er von der geradezu revolutionären Sprache des Verfassers, eines ihm völlig unbekannten Arno Schmidt, so hingerissen, daß er ihn brieflich bat, nach Hamburg zu kommen. Er kam und zeigte sich als Athlet mit Denkerstirn, mit geballten Fäusten saß er im Besucherstuhl. Er eröffnete das Gespräch mit einer Reihe von mittelschweren Beleidigungen, die sich fünf Minuten später bis zur Unerträglichkeit steigerten. Wäre dieser schimpfwütige Schmidt nicht tatsächlich der Verfasser der Genieprosa des ‚*Leviathan*‘ gewesen, hätte Marek ihn aus Gründen der

[1] *Text + Kritik* 20/20a: *Arno Schmidt* (München: edition text + kritik ⁴1986), S. 198. Ebenso auch in Axel Dunker (Hg.), *Arno Schmidt 1914-1979. Katalog zu Leben und Werk* (München: edition text + kritik 1990), S. 8.

Selbstachtung aus dem Kontor feuern müssen. So jedoch wollte er Rowohlt entscheiden lassen, was hier zu tun sei, denn Rowohlt hatte das Manuskript gelesen. Doch Rowohlt war nicht da, und so tat Marek, was wahrscheinlich Rowohlt getan hätte, er lud Schmidt zum Essen ein. Schmidt saß auch am Tisch mit geballten Fäusten, trank einen Steinhäger nach dem anderen und wiederholte seine Injurien. Ein Genie wie er müsse in Armut leben, während die Verleger, wie man ja sähe, sich in Wohlleben wälzten. Marek berichtete Rowohlt von seinem Abenteuer. Rowohlt hörte sich alles an und sagte: „Demnächst kommt Ledig nach Hamburg. Dann laden Sie Schmidt noch mal ein, und zwar in ein besonders gutes Restaurant. Ich will doch mal sehen, wie sich Schmidt gegen Ledig verhält.“ Ledig kam und Marek lud Schmidt nebst Frau in das Restaurant Jacob nach Blankenese ein. Marek war ganz verblüfft, als er erlebte, daß diesmal alles ganz anders und äußerst höflich verlief. Lag es an der Frau oder gar daran, daß diesmal ein Verleger, nicht der Lektor, der Gastgeber war? Marek brauchte nicht lange zu grübeln. Als der Nachtisch kam, ließ Schmidt einen Sturzbach von Beleidigungen auf Ledig niederbrausen. Der versuchte ihn abzustellen oder wenigstens zu bremsen; als es vergeblich war, wurde Ledig immer ruhiger und blasser, sagte nur manchmal „Na, na!“ und hörte sich gefaßt alles an. Der Abschied war frostig. Vor der Tür von dem hübschen Restaurant Jacob bestieg Schmidt mit seiner Frau ein Doppelfahrrad, ein „Tandem“, und radelte zurück in sein Heidedorf.

Ledig und Marek erstatteten Rowohlt ihren Bericht; er hörte ihn zunächst wortlos an, doch als Marek ihn fragte: „Na, wie finden Sie es denn?“ antwortete Rowohlt: „Alter Marek, Sie haben mir den bisher ganz falsch geschildert. Das ist ja menschlich ein hoch-

> interessanter Autor. Wenn er nur gegen Sie beleidigend gewesen wäre, hätte ich ihn einfach für einen Flegel gehalten. Daß er aber auch meinen Sohn beleidigt, zeigt doch, daß er ein Charakter ist!"[2]

Daß hier im Detail nicht alles stimmen kann, zeigt sich schon an der Formulierung „Als Marek das erste Stück eines Manuskripts *‚Leviathan'* gelesen hatte", denn Schmidt hatte ursprünglich (im Januar 1948) keineswegs ein Manuskript mit allen drei Erzählungen des *Leviathan*-Bandes bei Rowohlt eingereicht, sondern lediglich einen einzelnen Text, die spätere Titelerzählung. Solche Ungenauigkeiten in Kiaulehns Darstellung sind darauf zurückzuführen, daß Kiaulehn über Geschehnisse schreibt, bei denen er nicht selbst dabei war; der Passus ist in weiten Teilen seine Paraphrase eines Abschnitts aus dem Manuskript „Erinnerungen an Ernst Rowohlt" des ehemaligen Rowohlt-Lektors Marek. Die entsprechende Passage dieser Erinnerungen wurde ebenfalls 1967 in einem zunächst nicht in den Handel gelangten Sonderband von „Rowohlts Monographien" gedruckt; dies ist die eigentliche Urfassung der Anekdote:

> Bald darauf entdeckte ich einen Autor auf andere Weise [als Walter Jens]. Das Unwahrscheinlichste, was einem Lektor passieren kann, geschah: das Manuskript befand sich unter der täglich eingehenden Post!
>
> Der Mann hieß Arno Schmidt und das Manuskript ‚Leviathan'. Es war das tollste Stück Genie-Prosa, das ich je sah. Ich gierte drauf, den Autor zu sehen. Er kam, ein Athlet mit Denkerstirn. Er saß mit krampfhaft geballten Fäusten vor mir auf dem Stuhl. Man mußte jeden Augenblick gewärtig sein, daß er einen an-

---

2 Walter Kiaulehn, *Mein Freund der Verleger. Ernst Rowohlt und seine Zeit* (Reinbek: Rowohlt 1967), S. 243-245.

> springt. Er eröffnete das Gespräch mit Injurien. Wenn der Mann nicht dieses unwahrscheinliche, dieses sprachlich geradezu glühende Stück Prosa eingesandt hätte, hätte ich ihn nach fünf Minuten rausgeschmissen. Aber hier war ein großer Autor! Ich traf ihn später noch zweimal, immer dasselbe, Injurien, deren Haupttenor war, daß ein Genie wie er in Armut leben müsse. Ich erzählte Rowohlt von ihm. Schließlich wollte er ihn sehen. Wir luden ihn mit Frau nach Hamburg. Verabredung: Restaurant ‚Jacob' in Blankenese. Alles ging gut bis zum Dessert. Da legte Schmidt los ... Es war ein Wasserfall von Beleidigungen, wüsten Beschimpfungen ... Rowohlt, der im Anfang versucht hatte, zu stoppen, wurde immer ruhiger, bleicher, hörte sich alles an, immer nur ‚Na, na ...' sagend.
>
> Dann brachen wir auf. Äußerst frostig nahmen wir Abschied vor der Tür – und Schmidt stieg mit seiner Frau auf ein T a n d e m – wirklich und wahrhaftig, das gab es noch. Er war auf diesem Tandem mit seiner Frau aus einem Heidedorf bis nach Hamburg gekommen!
>
> Ich sagte: ‚Nu, wie finden Sie ihn!' Und Rowohlt blickte mich mißbilligend an: ‚Hören Sie mal, den haben Sie mir aber ganz falsch geschildert! Das ist ja ein menschlich hochinteressanter Autor!'[3]

Die Parallelität mehrerer Formulierungen zeigt, daß sich Kiaulehn an diesem Bericht orientiert hat, den er aber offenbar um Informationen aus anderer Quelle ergänzte, denn sonst sind die erheblichen Diskrepanzen nicht zu erklären – in Mareks Darstellung ist es Ernst Rowohlt selbst, der von Schmidt im Restaurant Jacob beschimpft

---

[3] Paul Mayer, *Ernst Rowohlt in Selbstzeugnissen und Bilddokumenten* (Reinbek: Rowohlt 1967), S. 163.

wird, Kiaulehn zufolge wird Rowohlts Sohn Heinrich Maria Ledig Opfer der Beschimpfungen, und überhaupt ist Kiaulehns Darstellung ausführlicher und scheint in mancher Hinsicht präziser, liest sich punktuell beinahe wie eine stillschweigende Korrektur der Erinnerungen Mareks. Einig sind sich beide Versionen in dem entscheidenden Punkt, Schmidt und Frau seien auf Einladung des Verlags per Tandem nach Hamburg gekommen, und Schmidt habe sich dann beim opulenten Essen danebenbenommen.

Aber kann das überhaupt stimmen? Der heutige Kenntnisstand zu Schmidts Lebensumständen in den Nachkriegsjahren bis 1950, als er auf dem Mühlenhof Cordingen bei Walsrode wohnte, gibt zu erheblichen Zweifeln Anlaß.

Dies betrifft zunächst einmal das Erscheinen per Tandem, das als Kuriosum in fast allen Berichten über Schmidts Verlagsbesuche auftaucht – noch bei Schmidts Tod erinnert sich sein ehemaliger Verlagskollege Walter Jens:

> *Ich habe Angst vor ihm*, pflegte Ernst Rowohlt zu sagen, *und ob Sie's glauben oder nicht, sogar der alte Marek fürchtet sich, wenn der Kerl, Madame hinten drauf, mit seinem Tandem angeradelt kommt. Aber so grimmig er tut, immer abweisend und auf Distanz: Der Bursche ist ein Genie. Ich bin mir da sicher, und Marek ist es schon lange.*[4]

Daß die Tandemfahrten so abgelaufen seien, daß Alice Schmidt hinten saß, hat Friedrich Neuhausen bereits um-

[4] Walter Jens, „Dichters Fernsehtod“, in *Die Zeit* 25 (15. Juni 1979), S. 41.

fassend widerlegt[5]; ich möchte aber die noch grundlegendere Frage stellen, ob Schmidt überhaupt jemals bei Rowohlt „mit seinem Tandem angeradelt“ gekommen sei. Diese Frage ist verbunden mit derjenigen nach der Datierung der anekdotisch verklärten Vorfälle.

Im Dezember 1961 hält Schmidt auf einem getippten Blatt, das er einer inzwischen ausrangierten Schreibmaschine beigibt, fest:

> Auf dieser Maschine, der alt=gekauften ORGA=PRIVAT, sind, von BRAND'S HAIDE an, bis 1960 – KAFF ausgenommen; weil dessen Textanordnung eine kleinere Type erforderte – alle meine Bücher, zumindest im Entwurf, meist aber sogar auch in Reinschrift geschrieben worden. (Ab GELEHRTENREPUBLIK die Reinschrift auf der TORPEDO M 20, auf der ich diese Notiz tippe). Außerdem sämtliche Roh=Entwürfe der Übersetzungen, bis in den Anfang des STANLEY ELLIN hinein, wo sie – zu meiner aufrichtigen Bekümmernis – allzusehr zu versagen begann. Sämtliche ‚Nachtprogramme‘ wurden auf ihr entworfen; bis Nr. 145 etwa auch alle Essays und Zeitungsgeschichten. – Wir haben sie im Jahre 1949 alt in Fallingbostel (bei einem Fahrradhändler, wo wir unser Tandem kauften) gebraucht erstanden, und sie hat UNVERGLEICHLICH gedient! –[6]

5 Vgl. Friedrich Neuhausen, „Das Geheimnis des Tandems oder Die endgültige Rettung Arno Schmidts für die deutsche Literatur“, in Martin Lowsky (Hg.), *Zettelkasten 11. Aufsätze und Arbeiten zum Werk Arno Schmidts. Jahrbuch der Gesellschaft der Arno-Schmidt-Leser 1992* (Frankfurt a.M.: Bangert & Metzler 1992), S. 13-38.

6 „Arno Schmidt Stiftung: 1. Ausstellung 1984/86. Ein Querschnitt durch die Bestände des Archivs“, in *Bargfelder Bote* Lfg. 100 (18. Januar 1986), S. 71-74, hier S. 74. – Die Schreibmaschine mit dem eingespannten Blatt ist abgebildet in Michael Ruetz, *Arno Schmidt. Bargfeld* (Frankfurt a.M.: Zweitausendeins 1993), S. 126 f.

Die Datierung des Schreibmaschinenkaufs hat beim einen oder anderen Schmidt-Forscher zur kurzschlüssigen Annahme geführt, auch das Tandem sei 1949 angeschafft worden; tatsächlich handelt es sich aber bei Schmidts Angabe um eine Fehlerinnerung, die Schreibmaschine konnte er sich erst Anfang Juni 1950 kaufen[7], und zudem wird über einen zeitlichen Zusammenhang mit dem Tandemkauf ja nichts ausgesagt. Noch Ende Januar 1950 hat Schmidt kein Fahrrad zur Verfügung, wie aus einem Brief an die kurz zuvor aus ihrem Angestelltenverhältnis bei Rowohlt ausgeschiedene Lektorin Gerda Berger (zuvor: Gerda Cohnitz) hervorgeht:

> Ich beabsichtige, im kommenden Sommer eine große Rundreise durch das Gebiet der Bundesrepublik zu unternehmen, eben zwecks Aufnahme der noch nicht fixierten Fouqué Autographen (Wahrscheinlich zu Fuß u. einen dicken Knotenstock schwingend; es sei denn, ich fände bis dahin Gelegenheit, ein Fahrrad zu stehlen: mein Leben für die Wissenschaft.)[8]

Bekannt ist, daß Schmidt und seine Frau am 8. März 1950 per Tandem zum ersten Mal nach Ahlden kommen[9], am 21. März 1950 eine Tandemfahrt zum Dorf und Rittergut Stellichte unternehmen, das Schmidt sich als Roman-

---

7 Vgl. Susanne Fischer, „‚Kartoffelweiber gafften von den Äckern'. Der Alltag Arno Schmidts in den Cordinger Jahren", in Dietmar Noering (Hg.), *Zettelkasten 29. Aufsätze und Arbeiten zum Werk Arno Schmidts. Jahrbuch der Gesellschaft der Arno-Schmidt-Leser 2012* (Wiesenbach: Bangert & Metzler 2014), S. 7-27, hier S. 20: „Schmidts hatten wenig Papier und, bis zum 8.6.1950, keine eigene Schreibmaschine."

8 *„Und nun auf, zum Postauto!" Briefe von Arno Schmidt*, hg. v. Susanne Fischer u. Bernd Rauschenbach (Berlin: Suhrkamp 2013), S. 20 (Brief 11 v. 27.1.50).

9 Fischer, „‚Kartoffelweiber gafften von den Äckern'", a.a.O., S. 23.

schauplatz vorstellen könnte[10], und am 23. März 1950 mit dem Tandem nach Rethem an der Aller und von dort nochmals nach Ahlden fahren[11]. Den naheliegenden Schluß, das Tandem müsse dann wohl im Februar 1950 angeschafft worden sein, bestätigt Susanne Fischer auf der Basis von Alice Schmidts Tagebüchern[12]; zum Kauf setzt Schmidt die unerwarteten Einkünfte aus einer Radiosendung ein, für die Ende November in Cordingen Aufnahmen gemacht worden waren. Um bei ihren Gläubigern und Gönnern vor Ort nicht den Verdacht zu nähren, sie seien doch nicht so arm, wie sie tun, setzen Schmidts das Gerücht in Umlauf, das Tandem „bei einem Preisausschreiben für Werbeverse gewonnen“ zu haben.[13] Dieser Schachzug droht sich später im Jahr bei ihrem Mietsachenprozeß zu rächen. Als im Zuge des Prozesses am 19. Oktober 1950 auf Betreiben des gegnerischen Anwalts das Tandem gepfändet wird und Schmidt die Pfändung mit dem Argument abzuwenden versucht, das Rad sei zu

---

10 Anm. d. Hg. in Alice Schmidt, *Tagebuch aus dem Jahr 1954*, hg. v. Susanne Fischer (Frankfurt a.M.: Suhrkamp 2004), S. 95.

11 Anm. d. Hg. ebd., S. 107.

12 Anm. d. Hg. ebd., S. 29: „Schmidts besaßen seit Februar 1950 ein Tandem, benutzten es aber in der bergigen Gegend um Kastel nicht.“ Vgl. zum Erwerb des Tandems auch Wolfgang Brandes, *Auf den Spuren eines Fauns. Mit Arno Schmidt durch Bad Fallingbostel. Literarischer Spaziergang mit Texten und Erläuterungen* (Fallingbostel: Stadtarchiv 2010), S. 11: „Bei dem Fahrradhändler müsste es sich um Finke und Meckert gehandelt haben – und man kann sich gut vorstellen, dass bei dem Verkaufsgespräch auch erwähnt wurde, dass es sich um die ehemalige Landratsvilla handelte!“ Diese Spekulation ist leider gegenstandslos, da Schmidt sich auch beim Geschäftsort des Fahrradhändlers fehlerinnert. Tandem und Schreibmaschine werden bei der Firma Busse & Krüger in Walsrode erstanden, wie aus Alice Schmidts Tagebuch hervorgeht. Vgl. Fanny Esterházy (Hg.), *Arno Schmidt. Eine Bildbiographie* (Berlin: Suhrkamp 2016), S. 183.

13 Fischer, „‚Kartoffelweiber gafften von den Äckern‘“, a.a.O., S. 15.

seiner Berufsausübung unerläßlich, hält der Anwalt ihm entgegen, er habe „das Fahrrad nicht zu beruflichen Zwecken angeschafft, sondern in einer Lotterie gewonnen“[14], was Schmidt mühsam als „falsches Gerücht“[15] zu widerlegen versucht. Er macht geltend, aus beruflichen Gründen sei er gezwungen, „laufend grössere und kleinere Reisen zu unternehmen, die mich bisher allein 4 mal nach Hamburg, sowie in alle nennenswerten Bibliotheksstädte Niedersachsens führten (Reisestrecke seit Februar: 3000 km)“; aus Kostengründen müsse er anstehende weitere Reisen bis nach Süddeutschland „mit dem vorhandenen Tandem unternehmen.“[16] Schmidt erweckt hier den Eindruck, die genannten „3000 km“ und die Reisen „4 mal nach Hamburg“ habe er mit dem Tandem absolviert; explizit sagt er dies allerdings nicht, und das aus guten Gründen. Aus den Angaben über gefahrene Tandemkilometer, die Schmidt ins Tagebuch seiner Frau einträgt[17], geht hervor, daß Schmidts im Verlauf des Jahres 1950 auf dem Tandem von Cordingen aus genau 1482 km zurücklegen[18] (im Folgejahr, nun in der unebenen Gegend um

---

[14] Jan Philipp Reemtsma / Georg Eyring (Hg.), *In Sachen Arno Schmidt ./. Prozesse 1 & 2* (Zürich: Haffmans 1988), S. 67 (Arvid v. Nottbeck an Arno Schmidt, 21.10.50). Vgl. auch ebd., S. 72 (v. Nottbeck an Schmidt, 6.11.50).

[15] Ebd., S. 86 (Schmidt an v. Nottbeck, 11.12.50). In diesem Schreiben gibt Schmidt zudem korrekt an, das Tandem „seit Ende Februar 1950“ zu besitzen.

[16] Ebd., S. 66 (Schmidt an das Amtsgericht Walsrode, 23.10.50).

[17] Vgl. Susanne Fischer, „‚Übers Jahr um die Zeit sind wir blank!‘ Die Tagebücher der Alice Schmidt“, in Guido Erol Öztanil (Hg.), *Zettelkasten 24. Aufsätze und Arbeiten zum Werk Arno Schmidts. Jahrbuch der Gesellschaft der Arno-Schmidt-Leser 2005* (Wiesenbach: Bangert & Metzler 2005), S. 31-48, hier S. 37: „In den Cordinger und Gau-Bickelheimer Jahren hat er die gefahrenen Tandemkilometer bei den von ihr beschriebenen Ausflügen vermerkt.“

[18] Auskunft von Susanne Fischer auf der Basis der Tagebücher von Alice Schmidt. Schmidt vermerkt folgende Gesamtkilometerstände:

Gau-Bickelheim, werden von der ersten Fahrt am 5. April bis Mitte September genau 833 Tandemkilometer zurückgelegt[19]; es dürfte anschließend noch ein gewisses Fahrpensum hinzugekommen bis zum Umzug nach Kastel am 30. November, mit dem die Tandemzeit des Ehepaars Schmidt für immer endet – in den zwei Jahren, in denen die beiden das Tandem benutzen, fahren sie darauf insgesamt aber weniger als 3000 km). Wichtiger noch für unser spezielles Erkenntnisinteresse ist, daß nur zwei der Reisen Schmidts nach Hamburg per Tandem bewältigt werden, und zwar diejenigen Reisen, deren Zweck nicht ein Besuch im Rowohlt-Verlag ist, sondern die zu Fouqué-Recherchen im Staatsarchiv unternommen werden.

Es handelt sich dabei um die Reisen vom 10. bis zum 13. April und vom 9. bis zum 11. Juli 1950, die in dem von Joachim Kersten kompilierten Band *Arno Schmidt in Hamburg* teilweise dokumentiert sind.[20] Dies sind also die beiden einzigen Gelegenheiten, bei denen Kurt Marek oder sonst ein Mitarbeiter des Rowohlt-Verlags das Ehepaar Schmidt womöglich mit dem Tandem hätte vor- oder wegfahren sehen können; tatsächlich stimmt aber auch das nicht. Zwar suchte Schmidt bei beiden Gelegenheiten

---

am 8. April 484 km, am 5. Juni 854 km, am 19. Juni 906 km, am 4. Juli 948 km, am 17. Juli 1152 km, am 28. August 1293 km und am 29. November 1950 (wenige Tage vor der Umsiedlung von Cordingen nach Gau-Bickelheim) 1482 km. – Ich danke Susanne Fischer herzlich für diese und alle weiteren Auskünfte und für die freundliche Genehmigung der Arno Schmidt Stiftung, aus unveröffentlichten Tagebucheinträgen zu zitieren.

[19] Vgl. Josef Huerkamp, *Der Landschafter auf der Höhe. Arno Schmidt in Kastel 1951-1955* (Dresden: Neisse 2008), S. 251.

[20] Vgl. Joachim Kersten (Hg.), *Arno Schmidt in Hamburg* (Hamburg: Hoffmann und Campe 2011), S. 121-123.

unangemeldet auch den Rowohlt-Verlag auf[21] (dazu gleich noch mehr), das Tandem wurde jedoch beide Male bei der ehemaligen Rowohlt-Hilfslektorin (und eigentlichen Entdeckerin Schmidts, deren Votum sich Marek schließlich zu eigen machte) Gerda Berger abgestellt und für die Weiterfahrt in die Hamburger Innenstadt die S-Bahn benutzt[22]. Damit läßt sich definitiv sagen, ein Freßgelage mit Rowohlt-Verlagsangehörigen, an dessen Ende Schmidt und Frau ihr Tandem bestiegen, hat es nie gegeben.

Bleibt die Frage, ob wenigstens der Rest von Mareks Schilderung stimmen kann – hat es ohne Beteiligung des Tandems als Reisegefährt und Kuriosum ein Freßgelage gegeben, bei dem sich Schmidt in der von Marek geschilderten Weise danebenbenahm? Zur Klärung dieser Frage ist es sinnvoll, alle persönlichen Begegnungen Schmidts mit Angehörigen des Rowohlt-Verlags einzeln durchzugehen. Insgesamt hat es in der Zeit bis zu Schmidts Wegzug vom Mühlenhof Cordingen genau sechs Begegnungen gegeben:

Wahrscheinlich Juli 1948

Dies ist Schmidts erster Aufenthalt in Hamburg seit März 1942, als er im Rahmen der Verlegung nach Norwegen durchgereist ist; leider ist es aber auch der Aufenthalt, über den am wenigsten bekannt ist, da Alice Schmidt erst Ende September des Jahres Tagebuch zu führen beginnt und die Briefe aus dieser Zeit teils unvollständig, nur als Entwurf überliefert oder undatiert sind. Im Rahmen des

---

21 Vgl. Susanne Fischer, „Arno Schmidt – Ein Ham=bürger“, in *Flandziu. Halbjahresblätter für Literatur der Moderne* N.F. 5.2 (2014): *Hamburg im 20. Jahrhundert*, S. 323-335, hier S. 325.

22 Vgl. Kersten (Hg.), *Arno Schmidt in Hamburg*, a.a.O., S. 121 f.; weitere Informationen aus noch unveröffentlichten Tagebuchpartien, die Susanne Fischer mir zugänglich gemacht hat.

Besuchs hat Schmidt die zerstörten Stätten seiner Jugend aufgesucht, die Eindrücke schildert er zwanzig Jahre später seiner Mutter[23]; daß Schmidt diese Reise nach Hamburg allein unternimmt, geht aus Alice Schmidts Schilderung eines späteren Besuchs hervor[24]. Die Kosten der Reise werden vom Rowohlt-Verlag getragen; Alice Schmidt vermerkt unter dem 17. September die avisierte Zahlung: „38 DM Rückzahlung verauslagtes Fahrgeld f. Hamburgfahrt (17,50) + Spesen.“[25] Allerdings kann die Reise nicht unmittelbar zuvor erfolgt sein; Schmidt hat lange und ungeduldig auf die Spesenbegleichung und vor allem auf den gleichzeitig übersandten *Leviathan*-Verlagsvertrag warten müssen. Den Entschluß, einen solchen Vertrag schließen zu wollen, hat Rowohlt Schmidt bereits am 20. Juli mitgeteilt und ihn gleichzeitig gebeten, zur Feier des Vertragsabschlusses nach Hamburg zu kommen, doch lehnt Schmidt dies mit den Worten ab: „Schicken Sie mir doch den Kontrakt wenn irgend möglich bald per Post zu, und ersparen Sie mir die nächste Hamburger Reise.“[26] Diese „nächste Hamburger Reise“ bleibt Schmidt dann in der Tat erspart, aber daß es die „nächste“ hätte sein sollen, impliziert schon, daß die erste und einzige dieses Jahres bereits stattgefunden hat – und zwar sehr wahrscheinlich in den Tagen unmittelbar vor dem 20. Juli, denn erst am 12. Juli hat sich durch positive

---

[23] Vgl. Kersten (Hg.), *Arno Schmidt in Hamburg*, a.a.O., S. 129 (Arno Schmidt an Clara Schmidt, 13.12.68).

[24] Vgl. ebd., S. 121 (Tagebuchauszug von Alice Schmidt, 8.9.49): „als A. vor 1 Jahr da war“.

[25] Alice Schmidt, Tagesnotizen vom 17.9.48, zitiert nach Fischer, „‚Übers Jahr um die Zeit sind wir blank!‘“, a.a.O., S. 37.

[26] Michael Töteberg, „‚Das ist ein genialischer Mann mit tausend Unarten‘. Ein Blick in Verlagsinterna: Gutachten, Aktennotizen und Briefdurchschläge im Rowohlt-Archiv“, in Bargfelder Bote Lfg. 354-356 (August 2012), S. 3-41, hier S. 11.

Lektoratsgutachten von Gerda Cohnitz und Marek zur Erzählung „Gadir“ überhaupt die Möglichkeit einer Buchveröffentlichung Schmidts bei Rowohlt konkretisiert. Noch am 12. Juni hatte Schmidt auf die Bitte, sich im Verlag persönlich vorzustellen, mit einer Schilderung seiner materiellen Not geantwortet: „Mein Besuch bei Ihnen scheitert nicht an meinem guten Willen, sondern einfach daran, daß ich von den 10,- DM Reisegeld hier ebenso viele Tage leben kann.“[27]

Ebenso unklar wie das genaue Datum dieser Reise ist, wen Schmidt im Verlag unter welchen Umständen getroffen hat. Alles spricht dafür, daß er sich zumindest Marek vorstellt, der in den Monaten zuvor die Korrespondenz mit ihm geführt hat und auch weiterhin sein Hauptansprechpartner im Verlag ist; ob Schmidt auch die „Hilfslektorin“ Cohnitz trifft, muß offenbleiben; dem Verleger Heinrich Rowohlt begegnet er nicht, wie aus den Umständen des nächstjährigen Treffens hervorgeht, und dessen Sohn Heinrich Maria Ledig-Rowohlt ist zu diesem Zeitpunkt noch nicht in Hamburg, sondern leitet den Verlagsstandort Stuttgart, der erst zum Jahr 1950 aufgegeben wird.

7./8. September 1949

An diesen beiden Tagen sind Arno und Alice Schmidt auf Einladung des Rowohlt-Verlags zu einer Unterredung mit Marek in Hamburg, und zwar per Bahn (über Visselhövede und Rotenburg – die Strecke, die Schmidt später in *Aus dem Leben eines Fauns* literarisch umsetzen wird); Alice Schmidt ist bei dem Treffen selbst nicht dabei und

---

[27] Michael Töteberg, „‚P.S: Wieviel haben Sie eigentlich so im Monat?‘ Ärmliche Verhältnisse: Arno Schmidt und der Verlag in den Nachkriegsjahren“, in Hermann Gieselbusch / Dirk Moldenhauer / Uwe Naumann / Michael Töteberg, *100 Jahre Rowohlt. Ein illustrierte Chronik* (Reinbek: Rowohlt 2008), S. 157 f., hier S. 157.

nutzt die Gelegenheit zu Fouqué-Studien im Staatsarchiv.[28] Ihr Mann berichtet ihr später, im Verlag habe er keinen „d. Herren“ angetroffen und sei statt dessen zu Marek nach Hause geschickt worden. Schmidts Klagen über mangelnde Einkünfte werden von Marek mit Hinweisen auf akute Zahlungsschwierigkeiten des Verlags gekontert, immerhin spendiert der Verlag dem Ehepaar Schmidt aber eine Übernachtung im Hotel, so daß die eintägig geplante Reise um einen Tag verlängert werden kann. Abends wird Schmidt samt Frau von Ernst Rowohlt und Marek zum Essen eingeladen – „Einigten uns auf Brühe mit Ei, Roastbeef, Kart, Bohnen Schnäpschen & helles Bier.“ Aus Alice Schmidts Schilderung geht hervor, daß der Verleger nicht nur sie, sondern auch ihren Mann zum ersten Mal trifft: „Ro, der A’s Leviathan nicht gelesen hat, meinte, er hätte schrecklichen Respekt vor A, denn M. hätte ihm so viel von A. vorgeschwärmt & er hätte sich direkt vor ihm gefürchtet & nur immer gehofft, wenn nur eine Zus.Kunft vorbei wäre, & sich A. ganz anders vorgestellt“. Das Tischgespräch verläuft „offen & frei heraus“, aber ohne jeden Eklat; Schmidt schildert seine materielle Notlage, und Rowohlt zeigt sich willens, nach seinen Möglichkeiten zu helfen.[29]

26. November 1949

Marek besucht Schmidt unangekündigt in Cordingen, begleitet vom Leiter des „Nachtprogramms“ des Nordwestdeutschen Rundfunks, Jürgen Schüddekopf, der ein Interview mit Schmidt und eine Lesung aufnimmt; auch der spätere NDR-Unterhaltungschef Henri Regnier ist mit

---

[28] Vgl. die Tagebuchauszüge Alice Schmidts in Kersten (Hg.), *Arno Schmidt in Hamburg*, a.a.O., S. 119-121.

[29] Informationen und Zitate nach Alice Schmidts Tagebucheintrag vom 7. September 1949, mitgeteilt von Susanne Fischer.

von der Partie.[30] Dies ist der einzige Besuch eines Rowohlt-Mitarbeiters bei Schmidt; zu einem seit Ende April 1949 in Aussicht gestellten Arbeitsbesuch Ernst Rowohlts in Cordingen kommt es nie. Bei dieser Gelegenheit kann sich Marek ein eigenes Bild von den ärmlichen Lebensverhältnissen Schmidts machen; Schmidts Tandem bekommt er nicht zu sehen, denn das gibt es noch gar nicht, es wird erst drei Monate später angeschafft – von dem Honorar der hier aufgezeichneten Sendebeiträge. Selbstredend führt Marek das Ehepaar Schmidt auch nicht in Cordingen zum Essen aus; die Besucher bringen statt dessen ein reichhaltiges Frühstück mit.

10. bis 13. April 1950

Arno und Alice Schmidt reisen per Tandem nach Hamburg zu Fouqué-Recherchen im Staatsarchiv und Besuchen in der Kunsthalle; übernachtet wird im Gästezimmer der ehemaligen Rowohlt-Lektorin Gerda Berger im Stadtteil Flottbek (Altona).[31] Bei Rowohlt hat man sich aus Verdruß über die verzögerte Entscheidung über Publikation oder Nichtpublikation der *Wundertüte* nicht angemeldet, dennoch sucht das Ehepaar Schmidt am 12. April auf Anraten Gerda Bergers den Verlag auf, um Barmittel zu erschnorren. Das Tandem bleibt bei Bergers untergestellt, man fährt mit der S-Bahn zum Verlag, das Fahrrad ist nur indirekt mit im Spiel, denn Schmidt bittet den allein anwesenden Marek um Geld für eine (angeblich oder tatsächlich) erforderliche Radreparatur – zunächst um 10 Mark, die Summe wird dann aber sukzessive auf 30 Mark erhöht. Marek erklärt sich für unzuständig und

---

30 Vgl. Fischer, „„Kartoffelweiber gafften von den Äckern"", a.a.O., S. 14 (samt Tagebuchauszug).

31 Vgl. Kersten (Hg.), *Arno Schmidt in Hamburg*, a.a.O., S. 121 f.; außerdem Fischer, „Arno Schmidt – ein Ham=Bürger", a.a.O., S. 324.

sagt Schmidt, er solle am Nachmittag wiederkommen, dann sei Verleger Rowohlt da; tatsächlich treffen Schmidts aber auch beim zweiten Versuch nur Hilfspersonal an, erhalten immerhin vom Kassierer unter Berufung auf eine angebliche Zusage Mareks den gesamten Kassenbestand von 80 Mark.[32]

9. bis 11. Juli 1950

Wieder fahren Arno und Alice Schmidt mit dem Tandem zu Fouqué-Archivstudien nach Hamburg, übernachten diesmal aber, um sich die Quartiernahme in der Stadt zu sparen, bei Schneverdingen im Wald; die Fahrtroute entspricht derjenigen, die Schmidt später den Erzähler seines Kurzromans „Schwarze Spiegel“ radeln läßt.[33] Bei Gerda Berger wird immerhin das Tandem untergestellt, dann geht es wiederum mit der S-Bahn in die Innenstadt. Am 10. Juli gegen Mittag wird auch bei dieser Gelegenheit der Verlag aufgesucht; hier kommt es zu einer Unterredung mit Marek und Rowohlt, bei der es vornehmlich um die finanziellen Engpässe beider Parteien und um Hermann Hesses Ärger über den ihm von Schmidt geschickten Pöbelbrief geht; Rowohlt stellt Schmidt einen Scheck über 75 Mark aus. Wie schon beim vorherigen Überraschungsbesuch Schmidts bekommt kein Verlagsangehöriger das Schmidtsche Ehetandem zu sehen, und man geht auch nicht gemeinsam essen.[34]

---

32 Informationen nach Alice Schmidts Tagebucheintrag vom 12. April 1950, mitgeteilt von Susanne Fischer.

33 Vgl. Kersten (Hg.), *Arno Schmidt in Hamburg*, a.a.O., S. 122 f.; außerdem Fischer, „Arno Schmidt – ein Ham=Bürger“, a.a.O., S. 325.

34 Informationen nach Alice Schmidts Tagebucheintrag vom 10. Juli 1950, mitgeteilt von Susanne Fischer.

24./25. Oktober 1950

Schmidts reisen zum letzten Mal von Cordingen aus nach Hamburg, diesmal auf Einladung und Kosten des Verlags per Bahn; es ist eine Art Abschiedstreffen, da Schmidts Übersiedlung nach Gau-Bickelheim bevorsteht, außerdem wird ein Vertrag über die Veröffentlichung der *Wundertüte* geschlossen. Die Unterredung im Verlag erfolgt mit dem nun in Hamburg als Verlagsleiter fungierenden Ledig-Rowohlt und dem als Nachfolger von Marek zum neuen Lektor bestellten Wolfgang Weyrauch, dessen negatives Urteil zu *Brand's Haide* Schmidt auf Ledigs Schreibtisch findet, was zur allseitigen Verstimmung führt. Anschließend wird gemeinsam essen gegangen:

> Nun gings, wie voriges Jahr, zu „Wehren" zum Mittagessen mit Ledig & Weyrauch. Bald erschien auch, wie verabredet, Marek im schnittigen braunen Anzug u. solider brauner Kravatte. Ledig hatte sich 'n Schlips mit 'm großen bunten Pfau umgebunden, zeigte ihn stolz & sagte: extra wegen A's Besuch, zum Scherz. – U. nun wurde bestellt. Weyrauch meinte, wir sollten beim Wünschen hinten auf die Preise kucken & das teuerste nehmen. Gänsekeule in Sauer für 5,90 war das Teuerste. Ledig: ob A. das möchte. A: ich weiß gar nicht, wie das schmeckt. Nun ließ L. sich nicht halten: 5 x Gänsekeule in Sauer. U. Suppe vorher, u. Schnaps & Apfelsaft dazu. (Weyrauch darf, glaub wegen 'ner Nierensache, keinen Alkohol trinken) & Obstsalat mit Sahne als Nachtisch. Rechnung von etwa 50 Mark wurde von Ledig bezahlt. A sagte Ledig bei Tisch, er sähe das Schmausen mit tiefer Betrübnis, ob wir nicht einfacher essen und ihm lieber 50 Mark [geben] besser wäre. Weyrauch stimmte ihm zu. Ledig: Das ginge natürlich nicht alle Tage so her u. zu, das täte man doch ihm zu ehren u. dem Verlag wär's bis vor kurzem

> so schlecht gegangen, daß es mal ein genußvolles Bedürfnis wäre, ins volle zu greifen. Sagte es mit recht netten Worten u. wurde überhaupt immer sympathischer.[35]

Anschließend wird dem alten Rowohlt, der nach einem Treppensturz noch außer Gefecht gesetzt ist, ein kurzer Besuch abgestattet, und die fünfköpfige Gesellschaft (Marek, Ledig, Weyrauch und das Ehepaar Schmidt) fährt zum Kaffeetrinken zu Marek nach Haus. Den Ausklang des Tages bildet schließlich das unter dem Titel „Schlemmen mit Rowohlt“ bekannte opulente Gelage:

> Zu Jakobs, ein ganz vornehmes Restaurant mit Garderobe und befrackten Kellnern, wurde Abendbrot essen gegangen. In die Glasveranda mit Ausblick auf die Elbe. Schön die Lichter am anderen Ufer. Alle Tische frei, dann setzten sich an den einen noch ein paar Herren. U. jetzt erst wurde geschmaust! Vornehmstes Gedeck mit Fischvorgericht u. Fleisch Hauptgericht. In Fett gebackene Kartoffelspähnchen, gefüllte Tomaten usw. usw. Apfelmus. U. hinterher Eis mit Sahne (A. & Ledig: Käseplatte) & zwischendurch: Wein & Cocktail. U. gequalmt wurde von den 3 andern! Und viele Flaschen Wein: Bocksbeutel, ne ziemlich teure Sorte, mehrere Flaschen. – [...] S war fast mitternacht. Der Kellner präsentierte die Rechnung (sie schienen alle nur noch auf unsern Aufbruch zu warten). Sie mußte enorm hoch sein. *3* ! 50-Markscheine und noch anderes Geld legte Ledig hin. – (Meine Herrn! U. das nennt sich dann Gesetz gegen allzugroßen Spesen-

---

[35] Alice Schmidt, „Schlemmen mit Rowohlt. Tagebuchaufzeichnung vom 24.10.1950“, in Vincent Klink / Stephan Opitz (Hg.), *Die Rübe 1* (Zürich: Haffmans 1988), S. 118-123, hier S. 119.

> verbrauch!). – Marek meinte, ob wir nicht noch mal mit zu ihm kämen.[36]

Arno und Alice Schmidt lassen sich vom Taxi ins Hotel zurückbringen; ihr Tandem haben sie ja nicht dabei. Für den nächsten Tag mittags um eins ist man noch einmal im Verlag verabredet; was genau hier noch besprochen wird, geht aus den vorliegenden Unterlagen nicht hervor, aber auf diesen Tag – den 25. Oktober 1950 – ist ein Schreiben datiert, das der Rowohlt-Verlag per Einschreiben an das Amtsgericht Walsrode schickt, um mitzuhelfen, die für den 18. November angesetzte Zwangsversteigerung des Tandems abzuwenden:

> Herr Schmidt benötigt aber dieses Fahrzeug dringend für seine Fahrten in die umliegenden Universitätsstädte, in denen er die dortigen Bibliotheken und Archive bei der Verfolgung seiner weiteren schriftstellerischen Arbeit besuchen muss. Er benötigt es ferner für seine Fahrten nach Hamburg zwecks notwendiger regelmässiger Fühlungnahme mit unserem Verlage. [...] Wie sehr wir auch verlegerisch an den Arbeiten dieses Autors interessiert sind, ist es auch uns bisher nicht möglich gewesen, aufgrund der schwierigen Lage im Verlagsbuchhandel, unseren Autor in ausreichendem Masse finanziell zu unterstützen. Eine Pfändung des Tandems käme einer totalen beruflichen Lähmung des Herrn Schmidt gleich.[37]

---

[36] Ebd., S. 121 f.

[37] Reemtsma / Eyring (Hg.), *In Sachen Arno Schmidt ./.*, a.a.O., S. 68 (Rowohltverlag an das Amtsgericht Walsrode, 25.10.50). Die Intervention war trotz ihres durchaus mangelhaften Wahrheitsgehalts erfolgreich, denn schon am 26. Oktober hob das Amtsgericht die Pfändung des Tandems vorläufig auf.

Bei Schmidts letztem Besuch von Cordingen aus ist das Tandem also in der Tat Thema – aber nicht Beförderungsmittel.

*

Der Durchgang durch die sechs Treffen bestätigt noch einmal, daß Kurt Marek Schmidts Tandem bei keiner einzigen Gelegenheit selbst gesehen haben kann; auch Ernst Rowohlt und Heinrich Maria Ledig-Rowohlt haben es nie zu sehen bekommen. Daß es dieses Tandem gab, war im Verlag allerdings wohlbekannt, und da mag es zur sei es gezielten, sei es ungenauer Erinnerung entsprungenen Anreicherung einer anekdotischen Darstellung hochwillkommen gewesen sein.

Aber was ist nun mit dem Rest der anekdotenhaften Schilderung Mareks? Darin wird ausdrücklich das „Restaurant ‚Jacob' in Blankenese" erwähnt, in das Schmidt aber nur ein einziges Mal geladen war, nämlich im Oktober 1950, als er hier zusammen mit Ledig-Rowohlt, Marek und Weyrauch einkehrte. Die Schilderung, die Alice Schmidt als zweifellos verläßlichste Augenzeugin von diesem Abend gibt, verträgt sich aber kaum mit der Anekdote in Mareks eigener oder auch in Walter Kiaulehns Version, worauf bei der Veröffentlichung des betreffenden Tagebuchauszugs von Alice Schmidt bereits aufmerksam gemacht wurde.[38] Michael Töteberg meint, die „Widersprüche zwischen der Darstellung Alice Schmidts und den Erinnerungen Mareks" ließen „sich leicht aufklären: Marek schildert offenkundig einen früheren Besuch Schmidts, darauf weist bereits das immer gern zitierte Tandem (im Oktober 1950 reiste das Ehepaar Schmidt mit der Bahn, die Fahrtkosten hatte der Verlag

---

[38] Vgl. die redaktionelle Nachbemerkung in Klink / Opitz (Hg.), *Die Rübe 1*, a.a.O., S. 207.

spendiert)“[39]; dieses Argument zieht aber nicht, da sich das Tandem ja nun eh schon als anekdotische Beigabe aus dem Reich der Phantasie erwiesen hat. Und es hat eben keinen „früheren Besuch Schmidts“ gegeben, bei dem dieser sei es vom alten Rowohlt, sei es von dessen Sohn „in ein besonders gutes Restaurant“ eingeladen worden wäre, dies womöglich auch, weil der Verlag selbst bis in die zweite Hälfte des Jahres 1950 hinein äußerst klamm war. Am ehesten wäre noch das Abendessen Arno und Alice Schmidts am 8. September 1949 mit Kurt Marek und Ernst Rowohlt in die Nähe der Legende vom „Athleten mit Denkerstirn“ zu bringen, der dem Verleger gegenüber die Schlechtigkeit einer Welt beklagt, in der er selbst zu knapsen habe, während andere sich opulenten Genüssen hingeben – aber auch hier sind die Ähnlichkeiten äußerst mager, und in Alice Schmidts Schilderung findet sich wenig, was sich zu einer griffigen Anekdote hätte aufbauschen lassen. Töteberg verlegt den Vorfall übrigens in den Sommer 1948[40], was insofern nicht bar jeder Logik ist, als Marek seine Anekdote ja von seinem ersten Zusammentreffen mit Schmidt her aufzieht, und dieses erste Zusammentreffen hat wie gezeigt zu jener Zeit stattgefunden – aber der Versuch, gleich im Anschluß ein weiteres Treffen zu arrangieren, bei dem auch Ernst Rowohlt zugegen hätte sein sollen, scheiterte halt an Schmidts Reiseunwilligkeit.

Am Ende mag man ansatzweise erahnen, welche teils realen, teils wild ausgeschmückten und teils wohl auch frei erfundenen Begebenheiten Marek und Kiaulehn unter

---

[39] Töteberg, „„Das ist ein genialischer Mann mit tausend Unarten“‘, a.a.O., S. 41, Anm. 27.

[40] Vgl. ebd., S. 11 (im Kontext des Juli 1948): „Rowohlt lud den Autor nach Hamburg ein, wo Alice und Arno Schmidt mit dem Tandem vorfuhren (die Anekdote ist bekannt und braucht hier nicht wiederholt werden).“

Zugabe von Informationen und Gerüchten aus zweiter Hand zu jener anekdotischen Darstellung verrührt haben, mit der sie eine der hartnäckigsten Schmidt-Legenden in die Welt gesetzt haben. Eine der Bedingungen dafür, daß das funktionierte, mag auch das nachlassende Erinnerungsvermögen Mareks gewesen sein. Einer der frühesten Feldforscher in Sachen Arno Schmidt, Horst Leisering, versuchte schon Ende 1971, über den Rowohlt-Verlag Kontakt zu Marek aufzunehmen, und bat um „eine weitergehende Beschreibung über Arno Schmidts Treffen mit Ernst Rowohlt“. Die Antwort, die er bekam, lautet: „Wie eine Anfrage bei Herrn Mar[e]k ergab, kann er sich nicht mehr an Details des Besuchs von Arno Schmidt erinnern; wie er meinte, liegt das Ereignis zu lange zurück.“[41] Wenige Monate später starb Marek im Alter von nur 57 Jahren.

---

[41] Horst Leisering, *„... wie mich Arno Schmidt einmal grüßte“. Aus den Papieren eines Enthusiasten* (Bielefeld: Aisthesis 1994), S. 32. – Ebd. geht Leisering noch von „der Tandemfahrt der Eheleute Schmidt im Herbst 1946 vom Mühlenhof zum Treffen mit dem Verleger Ernst Rowohlt im Restaurant ‚Jacob‘ in Blankenese“ aus, eine Fehldatierung, die angesichts des damals noch völlig unzureichenden Kenntnisstands über Schmidts Biographie höchst verständlich ist, aber auch anzeigt, von welch verheerender Wirkung Mareks Schilderung war.

„Nebelkocherei im Walde“

Alices Schmidts Tagebücher 1948/49

Alice Schmidt: *Tagebücher der Jahre 1948/49*. Herausgegeben von Susanne Fischer. Eine Edition der Arno Schmidt Stiftung. Berlin: Suhrkamp 2018.

Arno Schmidts fünf Jahre auf dem Mühlenhof Cordingen lassen sich in ihrer Bedeutung für seine Werkentwicklung kaum überschätzen; sie bilden das Fundament für Schmidts Existenz als Autor, zu dem er hier erst wird. In diesen Jahren beginnt Schmidt, seine Biographie in gegenwartsbezogene Literatur zu überführen, und auch der Blick, mit dem Schmidt fortan auf die vorherigen drei Jahrzehnte seines Lebens zurückschauen wird, ist geprägt durch die Cordinger Jahre. Umso wichtiger ist es, daß die Edition der Tagebücher Alice Schmidts nun endlich auch diese Zeit erfaßt. Leider beginnt sie erst Mitte September 1948 auf Weisung ihres Mannes, Tagebuch zu führen (Anlaß ist der Eingang des *Leviathan*-Verlagsvertrags von Rowohlt); die Zeit davor bleibt weitgehend undokumentiert.

Der Tagebuchband der Jahre 1948/49 ist deutlich schmaler als die uns bereits vorliegenden der Jahre 1954-56, was auch von der erstaunlichen Tatsache herrührt, daß dies ein fast völlig katzenfreies Tagebuch ist. In diesen frühen Jahren hat das Ehepaar Schmidt nicht die Mittel, Haustiere durchzufüttern, schwer genug ist es schon, selbst einigermaßen satt zu werden, und so ist das Grundthema der Einträge die tägliche Sorge um die Beschaffung und Zubereitung von Essen. Am förderlichsten sind in dieser Hinsicht die Spätsommer- und Herbstmonate, wenn aus den Wäldern Pilze beschafft werden können – und das Pilzesammeln gilt der Tagebuchschreiberin zudem als

„das oft erprobte Beruhigungsmittel“ (21.10.48), wenn ihr Mann wieder einmal mit den Nerven am Ende ist. Das ist er oft, denn er hat viel auszustehen – insbesondere hat er viel zu warten, auf Post etwa (ein Tag ohne Post ist ein vertaner Tag) und darauf, daß der Rowohlt-Verlag endlich tut, was er versprochen hat, nämlich Skripte zu lesen, Verträge zu schicken, Geld zu zahlen. Gegen seinen erklärten Willen ist Schmidt oft untätig, weil Materialien, die er zur Arbeit braucht, nicht kommen.

Von Schmidts strammem Arbeitspensum späterer Zeiten ist noch nicht viel zu spüren. In der Regel steht man spät auf und geht früh schlafen, dies allerdings vornehmlich, um sich Mahlzeiten zu sparen (wer lange schläft, muß weniger essen) und in den kalten Monaten auch Heizmaterial. Wenn die Post nichts bringt, wird außerdem Nachmittagsschlaf gehalten. Das Hauptarbeitsprojekt Schmidts (und auch seiner Frau) ist die Fouqué-Biographie, und wer sich schon immer gefragt hat, warum Schmidt gerade auf diesen nachrangigen Kollegen soviel Mühen verschwendet habe, der findet im Tagebuch seiner Frau unter dem 5.11.48 vielleicht eine plausible Antwort: „In der Fouqué-Biographie wird er etwas noch nie Dagewesenes schaffen. Er will in dieser das ganze Zeitalter wiedergeben. Er besitzt gerade die seltenen Voraussetzungen dafür, exakter bis ins einzelne gehender Forschungsdrang & dichterischen Schwung der Sprache.“ Schmidt sieht Fouqué also nur als Aufhänger für die Bewältigung eines sehr viel umfassenderen Themas.

Dennoch mag man bei der Lektüre auf die Idee kommen, es sei doch gut, daß Schmidt so oft und lange tatenlos auf neues Fouqué-Material habe warten müssen, denn in diesen Phasen entstehen Ideen und Pläne für andere Projekte, von denen leider nur wenige verwirklicht werden können. Als ihm der Einfall zur *Wundertüte* kommt, glaubt er zunächst, „es wäre nur einer seiner 1000 Pläne, die er ja doch fast alle nie ausführe“ (17.10.48); ein andermal meint er: „Neue Bücher entwerfe ich monatlich etwa 1 Dzd.“ (7.11.48). Fünf dieser (oft aus Träumen hervorgegangenen) neuen Pläne verfolgt er im Jahr 1949 kontinuierlicher, setzt davon allerdings nur zwei um, nämlich den *Massenbach* und später *Brand's Haide*. Da Schmidt seine Frau in seine Schreibprojekte (die Fouqué-Biographie ausgenommen) nicht oder zumindest erst in einem sehr späten Stadium einweiht, geht aus dem Tagebuch über die nicht realisierten Pläne leider so gut wir gar nichts hervor – sehr ärgerlich für uns ist naturgemäß ein Eintrag wie „A. erzählt von seinen Erzählungsplänen“ (18.9.48) ohne jede weitere Erläuterung. Überraschend ist, daß Schmidt noch am 2.12.48 über die Abfassung einer neuen Elementargeistererzählung „Nebelkocherei im Walde“ nachdenkt – die Phase seiner *Juvenilia* hat er also noch keineswegs so entschieden ad acta gelegt, wie es seine Nachkriegsveröffentlichungen vermuten lassen.

Gelegentlich hält Alice Schmidt aufschlußreiche Selbstdeutungen ihres Mannes fest. Als die drei *Leviathan*-Erzählungen vom Rundfunkinterviewer Jürgen Schüddekopf aufs Fluchtthema reduziert werden, widerspricht Schmidt, es handele sich nicht um Flucht, sondern um Ausbruch und Rebellentum, und Alice Schmidt notiert (am 29.11.49): „dieses Rebellen-Ausbruchsthema A.'s ureigenstes, am eigenen Leib so schmerzlich erlebtes Thema. [...] Dank der Besatzungsmacht kann A. jetzt (genau wie damals Massenbach) frei werden.“ Ebenso (am 11.3.49) Schmidts Selbsteinschätzung der Titelerzählung: „so etwas existiert in der Weltliteratur noch nicht. – Ich habe ihn nicht für die Zeit sondern f. d. Ewigkeit geschrieben, 100 Jahre später wird man mich erst würdigen, meine Zeitgenossen werden dies nicht tun.“

Ob solche Statements auch den Zweck verfolgen, sich über die elende Alltagsmisere hinwegzutrösten, bleibt die

Frage. Gegen beständige Selbstzweifel ist Schmidt jedenfalls keineswegs gefeit – immer wieder ist er drauf und dran, die ganze Schreiberei aufzugeben, und seine Frau fürchtet, er könne seine Skripte verbrennen. Sie weiß, „dieses Nödelsensibelchen“ (26.11.49) ist ein „Misanthroplein“ (12.9.49) – und Schmidt selbst weiß es auch: „Wenn ich’s britische Museum & Bibliothek besuchen wollte müßte London für den Tag evakuiert werden“, er leide an „krankhafter Menschenscheu“, sei „ein typischer Hypochonder“ und der *Leviathan* „das Produkt eines geängstigten, kleinen verärgerten Ackerbürgerchens“ (27.1.49). Um so erfreulicher Alice Schmidts Notat am Hochzeitstag (21.8.49): „Aber A. ist nach 12 Jahren noch immer ein glühender treuer Lover!“

Wer solche Mitteilungen für reinen Klatsch & Tratsch hält, wird in diesem Tagebuchband anderes finden, das für die Forschung und auch für das schlichte Verständnis der Texte Arno Schmidts von Belang ist. Etliche biographische Details können wir nun besser datieren, die Entstehung der *Wundertüte*, des „Alexander“ und insbesondere des *Massenbach* (den Schmidt zwischenzeitlich als Erzählung anzulegen erwog, wozu er sich leider nicht durchrang) genauer verfolgen als bisher. Und naturgemäß finden wir im Tagebuchtext etliche Details, die in Schmidts spätere Werke eingegangen sind, insbesondere in *Brand’s Haide* (16.9.48: altes Radio als „Piggi-Bank“, 25.6.49: „Hau doch druff! Tormann is Krampe!“, 2.8.49: Wanzen-Hoffmann, 11.8.49: „If you don’t know who’s ads these are you can’t have driven very far“, 28.8.49: „O, wie ist die Welt doch groß un Holland giv dat ook noch!“) und „Schwarze Spiegel“ (28.8.49: „Nödl ist : stud. putz & I : stud. täps.“, ab 21.11.49: Cooper-Lektüre), aber auch den *Faun* (10.11.49: „was er täte, wenn er’s: Sönnel wär“) und selbst noch *Kaff* (14.10.48: „in seiner Guttheet“). Anfang Juli 1949 – erstaunlicherweise erst dreieinhalb Jahre nach dem Einzug im Mühlenhof – entdeckt das Ehepaar Schmidt die Kolonie Hünzingen samt umgebenden Wäldern, also die Hüttenrefugien von „Schwarze Spiegel“ und *Aus dem Leben eines Fauns*. Hier geht ein literarischer Kosmos auf.

Wer sich für Arno Schmidts Nachkriegswerk interessiert, wird auf diesen Tagebuchband auch jenseits biographischer Fragen nicht verzichten wollen. Der Band ist wie gewohnt vorzüglich ediert und ebenso kon- wie präzis kommentiert. Was mag mühsamer gewesen sein, die Entzifferung der Handschrift von Alice Schmidt oder die Eruierung der vielen vertrackten Bezüge insbesondere zum Werk Fouqués? Das weiß nur Susanne Fischer.

Der Briefwechsel mit Alfred Andersch

Arno Schmidt: *Der Briefwechsel mit Alfred Andersch. Mit einigen Briefen von und an Gisela Andersch, Hans Magnus Enzensberger, Helmut Heißenbüttel und Alice Schmidt.* Herausgegeben von Bernd Rauschenbach. Zürich: Haffmans 1985.

Unter denjenigen, die Arno Schmidt in seiner persönlich, finanziell und karrieretechnisch schwierigen Zeit in den 50er Jahren auf die eine oder andere Weise geholfen haben, sticht Alfred Andersch ganz besonders hervor. Den Auftakt seines Einsatzes für den ihm zu diesem Zeitpunkt persönlich noch unbekannten Kollegen bildet am 3. Januar 1950 eine enthusiastische Besprechung des Erstlings „Leviathan" im *Hessischen Rundfunk*, in der Andersch Schmidt als „ein Genie" bejubelt. Kurz darauf versucht Andersch, Arbeiten von Schmidt, den er in diesem Zusammenhang „ein geistesgeschichtliches Ereignis" nennt, in ein von ihm zusammenzustellendes Sonderheft der Zeitschrift *Neue Rundschau* aufzunehmen, stößt aber innerhalb des Verlags S.Fischer auf erbitterten Widerstand, woraufhin des Plan des Sonderhefts fallengelassen wird.

Im August 1952 lernen Schmidt und Andersch sich bei einem von Martin Walser, damals Redakteur beim *Süddeutschen Rundfunk*, initiierten Treffen in Stuttgart persönlich kennen; Andersch bittet Schmidt um eine Erzählung von 100 Seiten für die von ihm in der Frankfurter Verlagsanstalt herausgegebene Reihe „Studio Frankfurt", und Schmidt überreicht ihm sogleich *Die Umsiedler* und seine antike „Alexander"-Erzählung, die im darauffolgenden Jahr in einem gemeinsamen Band erscheinen. Bald darauf will Andersch auch die „Seelandschaft mit Pocahontas" als Einzelband in der Reihe „Studio Frankfurt" bringen, dringt damit allerdings innerhalb des Verlags nicht durch; die Erzählung bringt Andersch dann schließlich 1955 in der von ihm herausgegebenen Zeitschrift *Texte und Zeichen*, was in der Folge dazu führt, daß Schmidt, Andersch und der Verleger des Luchterhand-Verlags, in dem die Zeitschrift erscheint, wegen „Pornographie und Gotteslästerung" verklagt werden.

Noch folgenreicher – und dies im positiven Sinne – ist, daß Andersch im Juni 1955 eine Stelle als Leiter der Redaktion „Radio-Essay" beim *Süddeutschen Rundfunk* antritt und Schmidt sogleich um Beiträge für die Sendereihe bittet. Schmidt geht prompt an die Arbeit und findet (nach einem mißglückten Versuch in Gestalt eines Cooper-Hörbilds) mit seinen in rascher Folge geschriebenen Dialogen zur Literatur des 18. und 19. Jahrhundert bei Andersch soviel Anklang, daß dieser ihm regelmäßig Sendeskripte abnimmt. Schmidt kann sich mit den vergleichsweise fürstlichen Honoraren, die dabei für ihn herausspringen, erstmals aus seiner vorherigen finanziellen Notlage befreien und sich bald sogar ein bescheidenes finanzielles Polster anlegen. Diese für beide Seiten sehr fruchtbare Zusammenarbeit endet erst 1959, zu einem Zeitpunkt, da die beiden längst auf freundschaftlicher Basis miteinander verkehren, mit Anderschs Ausscheiden aus dem Funksender.

Mit diesem Zeitpunkt verringern sich Frequenz und Umfang der Korrespondenz zwischen Schmidt und Andersch, die im vorliegenden Band gesammelt zugänglich gemacht wird, merklich; schon zuvor hatten Anderschs Redaktionsassistenten Hans Magnus Enzensberger und später als dessen Nachfolger Helmut Heißenbüttel einen Teil der beruflich veranlaßten Korrespondenz übernommen. Neben diesem beruflichen Teil der Korrespondenz gibt es aber auch einen privaten, der nach 1959 zunächst fortgesetzt wird und erst in der zweiten Hälfte der 60er

Jahre (während Schmidt an *Zettel's Traum* arbeitet) fast vollständig zum Erliegen kommt, in den 70er Jahren dann allerdings sporadisch noch einmal aufflackert – kurz vor Schmidts Tod scheint die versiegt scheinende Freundschaft beider Autoren fast eine neue, sehr menschliche Qualität anzunehmen, wobei die Qualität der Freundschaft allerdings auch damit zu tun haben mag, daß zwischen Andersch und Schmidt eine sehr ungleichgewichtige Wertschätzung herrscht: Andersch bewundert Schmidt von Anfang an als Autor wie als Mensch fast grenzenlos; Schmidt hingegen scheint Andersch nie gesagt zu haben, was er wirklich von den meisten seiner Veröffentlichungen hält (nämlich sehr wenig), weiß sich ihm aber der genannten Hilfestellungen wegen rundum zu Dank verpflichtet und leistet diesen Dank auch ohne Bedenken ab.

Der publizierte Briefwechsel der beiden Autoren gibt ein ebenso anschauliches wie facettenreiches Bild der wechselseitigen Beziehung. Der Einbeschluß einiger Briefe der beiden Ehefrauen Gisela Andersch und Alice Schmidt deutet an, in welchem Maße die Kontakte mit der Zeit auch eine persönliche Note annahmen. Eher der Geschäftskorrespondenz zuzurechnen hingegen sind die ebenfalls aufgenommenen Briefe von und an Anderschs Assistenten Enzensberger und Heißenbüttel. Heißenbüttel übernimmt nach Anderschs Ausscheiden dessen Stelle beim *Süddeutschen Rundfunk* und bringt dort auch weiterhin Arbeiten von Schmidt, wobei die Frequenz der Zusammenarbeit aus verschiedenen Gründen bald abnimmt – dieser spätere Briefwechsel zwischen Heißenbüttel und Schmidt ist im vorliegenden Band allerdings nicht mehr enthalten und bleibt wohl einem späteren Band vorbehalten, der Schmidts „Briefwechsel mit Archiven, Redaktionen und Verlagen“ enthalten soll. (Leider ist dieser Band auch knapp drei Jahrzehnte später noch nicht in Sicht.)

Die Kommentierung des Andersch-Briefwechsels ist sparsamer als diejenige späterer Bände der Schmidt-Briefausgabe; insbesondere sind hier noch nicht wie in den späteren Bände im Anhang Auszüge aus den Tagebüchern Arno und Alice Schmidts und andere flankierende Dokumente abgedruckt, die manches Detail der Korrespondenz vielleicht ins rechte Licht (oder auch ins düstere Zwielicht) hätten setzen können. Es zeigt sich, daß bei Publikation des Andersch-Briefwechsels der Nachlaß Arno Schmidts halt doch noch nicht so umfassend und in letzte Tiefen gehend ausgeforscht ist wie bei späteren Publikationen. Den Schlaglichtern, die der Andersch-Briefwechsel als eine der ersten wichtigen Publikationen aus Schmidts Nachlaß auf die Lebens- und Arbeitsexistenz Arno Schmidts werfen, tut dies freilich keinerlei Abbruch.

Der Briefwechsel mit Wilhelm Michels

Arno Schmidt: *Der Briefwechsel mit Wilhelm Michels. Mit einigen Briefen von und an Elfriede Bokelmann, Erika Michels und Alice Schmidt.* Herausgegeben von Bernd Rauschenbach. Zürich: Haffmans 1987.

Im Oktober 1953 erhält Arno Schmidt den Brief eines Dr. Wilhelm Michels:

> seit einigen Jahren veranstalte ich für die Schüler unserer Oberstufe und für ein interessiertes Publikum von Erwachsenen Autorenabende, unter anderem haben Andres, Bergengruen, Brentano, Heimeran, Kreuder, Maaß (J), Penzoldt, Tumler bei uns gelesen. Ich erlaube mir die Anfrage, ob Sie geneigt wären, irgendwann einmal bei uns zu lesen.

Zu der Lesung (es sollte die einzige öffentliche von Arno Schmidt bleiben) kommt es erst im Februar 1956, doch unabhängig von diesem Anlaß setzt sofort ein reger Schriftverkehr zwischen Schmidt und Michels ein, der bald zu einem ersten persönlichen Zusammentreffen führt und fortan auch die beiden Ehefrauen einbezieht. Zu einer Zeit, da Arno Schmidt mit kaum vorstellbaren wirtschaftlichen Verhältnissen zurechtkommen muß, versorgt Michels ihn mit Lebensmittelpaketen; er bemüht sich um den Umzug Schmidts nach Hessen, als es dem wegen „Gotteslästerung und Pornographie“ verklagten Schriftsteller im Dunstkreis der Diözese Trier zu brenzlig wird, bietet ihm gemeinsame Urlaubsreisen an und hilft bei der Beschaffung von Literatur. Lange, bevor die förmlichen Anreden einem persönlichen „Du“ weichen, haben die Kontakte den Status der Freundschaft gewonnen, und so ist es kaum verwunderlich, daß die aus weit mehr als 300 Briefen, Postkarten, Telegrammen bestehende Korrespondenz, die in einer Edition der Bargfelder Schmidt-Stiftung vorliegt, weniger von feinsinnigen ästhetischen Disputen bestimmt ist als von den profanen Dingen des Schriftstelleralltags.

Sehr erfrischend sind sie zu lesen, die hier versammelten Briefe, denn Michels ist ebenso spitzzüngig, ebensolcher Ironismen und Sarkasmen fähig wie sein Gegenüber: er ist durchaus nicht jenes reine Akklamationsorgan, das sich der pikierliche Schmidt, wie es mitunter scheinen will, zum Briefpartner wünscht. So kommt es rasch auch zu Mißstimmungen, als Michels dem ihm zugeeigneten Roman *Das steinerne Herz* eine detaillierte Mängelrüge erteilt („Mann des Teufels, können Sie denn auf keine andere Weise eigener Leistung froh werden und Ihr Selbstbewußtsein nähren als dadurch, daß Sie andere herabsetzen? Das ist Halbstarkenmanier, billig und power") und Schmidt die beleidigte Leberwurst spielt. Eine Unterwerfungserklärung von Michels („Wenn das alles vergeblich sein sollte, beherzigen Sie diesen Abschiedsgruß: Die besten Freunde sind nicht die, die Ihnen nach dem Munde reden") kittet die Situation notdürftig; von nun an hält sich Michels mit kritischen Urteilen aber merklich zurück.

Mehr noch als diese Episode sind die Begleitumstände der späteren Besuche Michels' in der Bargfelder Eremitage Arno Schmidts geeignet, an der Skrupellosigkeit des letzteren im zwischenmenschlichen Umgang zu verzweifeln. Michels kommt stets gern nach Bargfeld; dort empfindet er „die unbedingte Gewißheit willkommen zu sein". Tatsächlich lesen sich auch die Einladungen in die Heide so: „Wieso Sie aber [...] überhaupt auf ein peut=êtriges Nicht=Kommen anspielen mögen, fasse ich mitnichten"; „Ihr kommt doch im Herbst? Oder?". Und als das Ehepaar Michels einmal absagt: „Daß Ihr nicht kommt, mögt Ihr mit dem Himmel abmachen". Die Besuchsprotokolle in Arno Schmidts Tagebüchern dagegen sprechen eine ganz andere Sprache: „Wollen bis Sonnabend bleiben!! Erbarmen!!!“; „Spaziergang mit dem unempfindlichen Pack“; „ein widerlicher Geselle, der Michels!“; „wenn der Besuch nur erst fort wäre!!“ Als Grundzug Arno Schmidts, der sich in seinen Büchern so schroff und so streitsüchtig gibt, entpuppt sich unerwartet die blanke Feigheit. Michels geht dem sich aus der Welt zurückziehenden Wortmetz sehr auf die Nerven, wie die Tagebuchauszüge unmißverständlich zeigen, wird aber um der billigen Beschaffbarkeit von Büchern, Diaabzügen und Pharmazeutika willen weiterhin mit aufgesetzter Herzlichkeit behandelt. Als Michels schließlich – im Jahre 1967 – ebenfalls nach Bargfeld zieht, ist ihm Schmidt noch auf mancherlei Weise hilfreich. Die räumliche Nähe scheint den Entfremdungsprozeß dann aber schnell ins schlichtweg Unerträgliche gesteigert zu haben, wenn sich das auch naturgemäß in der Korrespondenz nicht mehr verfolgen läßt – schon die Installation eines Telefonanschlusses im Hause Schmidt hatte den Umfang des Briefwechsels spürbar reduziert. Über den genauen Anlaß des endgültigen Bruchs gibt auch das Protokoll eines Gesprächs mit Wilhelm Michels, das dem Band vom Herausgeber beigegeben wurde, nur bedingt Aufschluß. Nach dem Zerwürfnis zieht es Arno Schmidt jedenfalls vor, jeglichen Kontakt mit Michels einzustellen; den in einem 350-Seelen-Dorf kaum vermeidbaren Begegnungen auf der Straße entzieht er sich nötigenfalls dadurch, daß er sich hinter die nächste Hausecke drückt – ein gewiß überraschendes Bild für orthodoxe Schmidt-Anhänger. Die beiden letzten Briefe von Michels – unpersönlich gehaltene Anfragen aus den Jahren 1972 und 1976 – tragen den stereotypen Vermerk von Alice Schmidt: „lt. A. unbeantw. u. unerledigt ablg.“

Wer sich das – über große Strecken nicht geringe – Vergnügen der Lektüre dieser Korrespondenz macht, wird

Wilhelm Michels von Brief zu Brief größere Sympathien entgegenbringen; Arno Schmidt hinterläßt eher den gegenteiligen Eindruck. Freilich gehört es vielleicht nicht unbedingt zu den vorrangigen Aufgaben eines Schriftstellers, sympathisch zu sein, und deswegen ist auch das nicht eben vorteilhafte Porträt Schmidts, das dieser Briefwechsel zurückläßt, für den Schmidt-Leser gewiß kein Anlaß, dessen Texte nun zu verfeuern. Er sei „nichts weniger als ein amüsanter oder amüsabler Hausgenosse", beteuert Schmidt seinem Briefpartner schon zu Beginn der Bekanntschaft, und wer darin nichts als den Versuch entdecken will, die eigenen Charakterschwächen lauthals auszuposaunen, um ja nicht daran arbeiten zu müssen, greift wohl doch zu kurz. Es hat auch mit seiner künstlerischen Integrität zu tun, mit der erbarmungslosen Unbedingtheit des Schriftstellers Arno Schmidt, der sich in sein Schaffen förmlich hineinkniete. Bei aller gebotenen Vorsicht vor biographischen Erklärungsversuchen, die sich immer allzuleicht der Verharmlosung eines außerordentlichen Werks dienstbar machen lassen, ist doch kaum zu leugnen, welche Selbstkasteiung es für den scheuen Idealisten Arno Schmidt bedeutet haben muß, den eigenen Unzulänglichkeiten jene – ja nicht nur sprachliche – Kraft eines *Faun* oder eines *Steinernen Herzens* abzutrotzen. Wieviel Energie muß dieser im persönlichen Umgang steife Mann, der die harmlosen verbalen Dreistigkeiten Wilhelm Michels' allen Ernstes des frechen Tons (so ein Tagebucheintrag von Alice Schmidt) bezichtigte, aufgewandt haben, um zu jenem schnoddrigen Prosaduktus zu gelangen, der ihn zum frechsten Romancier der Adenauerzeit machte? In einem Artikel über Joyce hat Schmidt einmal behauptet, nach „wahnsinnig komplizierter Sammel=, Feil= und Montage=Tätigkeit" bliebe dem Sprachgenie „einfach keine Energie mehr übrig, sich schöne Dinge wie ‹Charakter› oder ‹Höflichkeit› zu leisten“. Das ist, so kategorisch vorgebracht, natürlich ein hanebüchenes Klischee, das zum Glück von vielen Kollegen Schmidts widerlegt wird; er selbst scheint es aber geradezu darauf abgesehen zu haben, es zu bestätigen.

Zu fragen bleibt, ob der *Briefwechsel mit Wilhelm Michels* neben den Schlaglichtern auf den Menschen Schmidt auch neue Aufschlüsse über sein Werk erlaubt. Die Antwort kann von einem Nein nicht weit entfernt sein, da es sich eben um eine sehr persönliche Korrespondenz handelt und Michels, wie schon gesagt, nach seinem beherzten Urteil über das *Steinerne Herz* von Meinungsbekundungen Abstand nahm, die Anlaß zu einer Diskussion über die Ästhetik der Texte hätten geben können. Natürlich finden sich auch immer wieder Äußerungen Schmidts über sein Selbstverständnis als Schriftsteller und über Grundbedingungen seines Schaffens, doch neu ist daran selten etwas – am ehesten noch das Eingeständnis, er habe sich „nie eingebildet, ein ‚Sprecher des Vierten Standes‘ zu seyn; höchstens Mundstück derjenigen Intellektuellen, radikalerer Artung, die im 4. Stande *geboren* wurden“. Zumeist werden nur standardisierte Floskeln wiederholt, die jedem Schmidt-Kenner geläufig sind; ohnehin gehört es zu den Besonderheiten des Phänomens Schmidt, daß sich die ästhetische Qualität seines Werks vermittels seiner eigenen, recht schablonischen theoretischen Äußerungen nur zu einem geringen Grad erschließen läßt.

Kein Anlaß also, Arno Schmidt mit neuen Augen zu sehen; dennoch ist die Herausgabe des vorliegenden Bandes im Rahmen der Briefedition Schmidts ein dankenswertes Unternehmen. Bernd Rauschenbach hat einen in Textredaktion, (sparsamer) Kommentierung und Systematisierung nahezu mustergültigen Band erstellt, der durch ein umfangreiches Register gut erschlossen ist. Auszüge aus den Tagebüchern Arno und Alice Schmidts, zwei Zeitungsartikel Wilhelm Michels' sowie ein aufschlußreiches Gespräch des Herausgebers mit Michels erhellen einiges, was aus den Briefen nicht unmittelbar hervorgeht. Zu monieren sind allenfalls einige kleinere Inkonsequenzen – so etwa, daß die Abkürzung KMV (für Karl-May-Verlag) übertrieben oft, das Kürzel KBN (Kara Ben Nemsi) aber gar nicht erklärt wird. Läßliche Mängel, alles in allem.

Der Briefwechsel mit Eberhard Schlotter

Arno Schmidt: *Der Briefwechsel mit Eberhard Schlotter. Mit einigen Briefen von und an Alice Schmidt und Dorothea Schlotter.* Herausgegeben von Bernd Rauschenbach. Zürich: Haffmans 1991.

In einem Heftchen der Darmstädter Handpresse „Die Villa“ veröffentlichte der Maler Eberhard Schlotter im Frühjahr 1960 zusammen mit Holzschnitten und Ätzungen drei eigene Erzählungen. „Verrückte Leute interessieren mich immer“, so bekennt Schlotter in der einen, „noch mehr, was sie tun, wenn es heißt, daß sie viel arbeiten.“ Kein Wunder also, daß Schlotter sich auch für Arno Schmidt interessierte, der nicht nur – zumindest für Außenstehende – viel Verrücktes an sich hatte, sondern zudem ein ehernes Arbeitsethos pflegte. Dieser Schmidtsche Arbeitsfleiß war es auch, der die langjährige Freundschaft zwischen Maler und Schriftsteller von der Mitte der 60er Jahre an etwas ins Stocken bringen sollte: Schmidt steigerte seine Arbeitswut bis an die Grenzen des Möglichen, als er an seinem Romanmonstrum *Zettel's Traum* drechselte, und alles, was nicht unmittelbar dazugehörte, war nur noch Störung dieser Arbeit – so eben auch jeder Verkehr mit den Menschen, jeder Brief und erst recht jeder Besuch. Schon lange vorher hatte Schmidt Schlotter zum künstlerischen Einzelgängertum geraten: „nur ungestört (und *alles*, was von Außen kommt, ist, nachdem man genug gelebt hat, Störung!) kann man der werden, der man ist.“

Bevor es zum Störfeuer kam, verkehrten Schmidt und Schlotter aber doch einige Jahre lang recht ausdauernd und intensiv miteinander – so weit das bei Schmidt eben möglich war. Kennengelernt hatten die beiden sich 1955 über Ernst Kreuder, den gemeinsamen Bekannten, der in ihrem Briefwechsel im übrigen nicht sehr gut wegkommen sollte. Von Kreuder auf die Probleme Schmidts aufmerksam gemacht, der wegen Pornographie und Gotteslästerung verklagt worden war und sich im Einflußbereich der Erzdiözese Trier höchst unwohl fühlte, organisierte Schlotter den Umzug Schmidts samt Frau und Katze nach Darmstadt, brachte sie erst einmal bei sich unter und besorgte eine Wohnung. Diese beherzte Mannestat war der Einstand einer Männerfreundschaft, die die Möglichkeit gegenseitiger künstlerischer Anregungen ausdrücklich einschloß, aber sich doch alles andere als feinsinnig ästhetisierend gab.

Zumindest Alice Schmidt war, wie ihr Tagebuch offenbart, gleich nach dem ersten Zusammentreffen etwas befremdet über die libertinären Umgangsformen Schlotters, der sich denn doch ein klein wenig bohèmehafter gab als ihr biederer Arno, doch der versicherte ihr, Schlotter „könne was! Donnerwetter, das habe er nicht gedacht, wie die Leute doch auch arbeiteten.“ Alice Schmidts Tagebuchauszüge, im Anhang des Briefwechsels Schmidt / Schlotter abgedruckt, betreffen die ersten und entscheidenden Tage der gemeinsamen Zeit in Darmstadt, die sich natürlich nicht in Briefen dokumentieren läßt. Zum Glück für uns, die wir uns heute die vergnügliche Lektüre der Korrespondenz gönnen können, aber auch zu seinem eigenen verließ Schlotter seinerzeit schon bald Darmstadt und kaufte sich ein Haus in Spanien. Als er vier Jahre später zurückkehrte, war Schmidt seinerseits fortgezogen, nämlich in sein endgültiges Heidedomizil Bargfeld – vermittelt wiederum durch Schlotter, dessen Eltern dort wohnten. Die räumliche Trennung als Voraussetzung fürs Briefeschreiben hat also fast immer bestanden, und so entwirft die Korrespondenz insgesamt ein beinahe lückenloses Bild der Beziehung.

Der Schreibthemen und -anlässe sind viele und vielfältige. Die Briefe Eberhard Schlotters behandeln eingehend die Praxis seines Schaffens: er schildert gestalterische Probleme, berichtet von gefundenen Lösungswegen und gelungenen Versuchen, legt zur Veranschaulichung Probeabzüge und Fotos seiner Arbeiten bei, bittet Schmidt um Rat und Urteil. Einige Male schlägt er Schmidt auch gemeinsame Projekte vor („Wollen wir mal was gemeinsam machen? Sprich der Texter und der Maler"), die jedoch nur zweimal zustande kommen: 1957 entstehen drei kurze Bildbeschreibungen Schmidts, und vier Jahre später schreibt er ein Lesedrama zu Schlotters Triptychon „Das zweite Programm". Spätere Vorstöße Schlotters in dieser Richtung scheitern an dem kaum verhohlenen Unwillen Schmidts; die Verstörungen, zu denen dabei vor allem Schmidts Taktiererei führt, versetzen der sich lockernden Freundschaft schließlich die letzten Stöße.

Viel privater Stoff ist immer mit im Spiel, wobei der reise- und lebensfreudige Schlotter naturgemäß mehr zu erzählen hat als Schmidt, dessen Zustandsbeschreibungen einer eremitenhaften Schreibfronexistenz notgedrungen zu Wiederholungen neigen. Dennoch fallen gerade auf den Alltag Schmidts und seiner Frau mitunter Schlaglichter, die auch dem Schmidt-Kenner sehr zu denken geben. Das gilt mehr noch für einige der beigegebenen Tagebuchauszüge; so erfährt man etwa von der Schmidtschen Betrübnis beim Tod von Kater Purzel – erst zwölf Tage später verläßt die trauernde Alice Schmidt wieder das Haus, um einzukaufen, und ihr Mann notiert sich: „hoffentlich geht's gut!"

Schlotter wird es gestattet, ein Stück weit in die verschlossene Privatexistenz Schmidts einzudringen, und gleich zu Beginn teilt ihm Frau Alice mit, welch besondere Gunst das ist:

> Es ist so überaus selten, daß mein Mann mit jemandem warm wird und in freundschaftlichen Contakt kommt, diese Fälle aufzuzählen, dazu reichen während unserer fast 20jährigen Ehe tatsächlich die Finger einer Hand massenhaft aus.

Freilich hat man bisweilen – zumal dann, wenn man Schmidts Briefwechsel mit Wilhelm Michels im Hinterkopf hat – doch das Gefühl, daß Schmidt den Glauben seines Briefpartners, ihm auf privilegierte Weise nahezustehen, auch ein wenig steuerte. Schmidt jammert in Briefen gelegentlich über die unerwünschten Besuche anderer Bekanntschaften, läßt Schlotter aber im Glauben, er sei stets willkommen. Schlotter notiert nach einem Besuch in sein Tagebuch:

> Es stimmt nachdenklich, wie sehr er sich immer auf meinen Besuch vorbereitet. [...] Und dann die langen Abende, oft wird es zwei oder drei Uhr morgens, er kann nicht genug kriegen. Ich glaube nicht, daß er das mit den anderen auch macht.

Die Schmidtschen Tagebücher lesen sich hingegen ganz anders: „der Laffe kommt jeden Tag"; „Viel Gewäsche. Alles verlorene Zeit"; „Dann endlich Abschied." Solche Diskrepanzen zwischen herzlichen Briefen und überdrüssigen Tagebucheinträgen, wie sie auch aus dem Michels-Briefwechsel bekannt sind, verlangen nach einer Erklärung, doch die ist nicht leicht bei der Hand. Man geht gewiß nicht fehl, wenn man Briefe wie Tagebücher Schmidts als spezifische Formen privater Rollenprosa auffaßt. Bei Schmidt scheint die Frage danach, was er ehrlich empfand und was er – möglicherweise auch vor sich selbst – nur spielte, müßig: Verbergungs- und Offenbarungshaltungen, Rückzug und Öffnung werden bei ihm auf dialektische Weise austauschbar, und in einem bestimmten Sinne mag das Kunstprodukt *Zettel's*

Traum sogar ehrlicher und authentischer sein als Schmidts Tagebuchnotizen. Alice Schmidt zitiert ihren Mann so: „Lügen ist doch nun mal mein Beruf, und ein jeder muß doch in seinem Beruf bleiben".

Die Widersprüche in Schmidts Haltung und Auftreten, zweifellos ein wichtiger Motor seines Werks, sind ein Stück weit wohl als Widerstreit zwischen unbedingtem Mitteilungsbedürfnis und unüberwindlicher Mitteilungsscham zu deuten, und auch das spiegelt sich im vorliegenden Briefband. Viel stärkeres Gewicht als im Andersch-Briefwechsel, der die gewerbliche Seite des Schriftstellerdaseins beleuchtete, und im Michels-Briefwechsel, der von Alltag und Privatexistenz dominiert wurde, kommt in der Korrespondenz Schmidt / Schlotter dem kreativen Prozeß selbst zu, also dem Wie und Warum des künstlerischen Schaffens – und doch geht es dabei ausschließlich um Schlotters Malerei, nicht um Schmidts Wortkunst. Schmidt erteilt bereitwillig und beredt den von Schlotter gesuchten Rat, aber nie spricht er von den Problemen seiner eigenen Poetik; er diskutiert mit Schlotter brieflich und bei ihren Treffen eingehend Themen wie das Porträt, und er tut dies naturgemäß mit literarisch geschultem Blick, doch nie hat das konkret mit seinem eigenen Schaffen zu tun. Der Grund: Schmidts Literatur ist sicherlich eine der wortmächtigsten der vergangenen Jahrzehnte, doch so sehr Schmidt sich auch als reflektierender Prosakonstrukteur gab – die Macht, in Worte zu fassen, was er beim Schreiben eigentlich machte, hatte er nicht. Schmidt war trotz seiner gegenteiligen Bekundungen gerade kein Theoretiker; seine Urteile waren stets (mehr oder minder sichere) Geschmacksurteile, geschickt bemäntelt mit rationalistisch klingenden Scheinlegitimationen.

Wer sich von der Korrespondenz der beiden Künstler Schmidt und Schlotter neue Aufschlüsse über Wesen und

Prinzipien des Schmidtschen Schaffens erhofft, wird daher kaum auf seine Kosten kommen. Etwas enttäuschend ist auch, daß der Briefwechsel doch schon in der zweiten Hälfte der 60er Jahre nahezu zum Erliegen kommt. Mit fast allen Freunden und Bekannten scheint Schmidt sich um diese Zeit überworfen zu haben, und andere als oberflächliche Zeugnisse liegen für seine letzten zehn Lebensjahre immer noch nicht vor. Dennoch ist die Herausgabe des Schlotter-Briefwechsels eine dankenswerte und von Bernd Rauschenbach mit gewohnter Sorgfalt durchgeführte Unternehmung – und daß der Band gar keine neuen Erkenntnisse liefere, wird niemand behaupten können, der beispielsweise die Passagen zum berühmten *Zettel's-Traum*-Raubdruck (Schmidt: „Es fehlt tatsächlich eine Regierung, die Ordnung macht!") genau studiert hat. Unser Bild von Schmidt ist durch diese Band kein anderes geworden, aber es hat an Präzision gewonnen.

Briefwechsel mit Kollegen

Arno Schmidt: *Briefwechsel mit Kollegen.* Herausgegeben von Gregor Strick. Frankfurt a.M.: Suhrkamp 2007.

Die Briefwechsel, die in diesem Band vorgelegt werden, werden vom Herausgeber in zwei Kategorien eingeteilt. Herausgehoben wird die Korrespondenz mit elf Briefpartnern, die für Arno Schmidt besonders wichtig waren: Heinrich Böll, Karlheinz Deschner, Alfred Döblin, Kasimir Edschmid, Hermann Hesse, Hans Henny Jahnn, Ernst Kreuder, Peter Rühmkorf, Max Stefl, Werner Steinberg und Martin Walser. Unter der Rubrik „Vermischte Briefwechsel" folgen Korrespondenzen mit 29 weiteren „Kollegen", die für Schmidt von nachrangiger Bedeutung waren. Diese Differenz ist nicht in jedem Fall quantitativ begründet. Die Korrespondenz Schmidts mit Hermann Hesse beispielsweise, einem der Idole seiner Jugend, umfaßt lediglich drei geschriebene und ein erhaltenes Schreiben, allesamt recht kurz, was aber an der Wichtigkeit dieses Austausches für Schmidt nichts ändert – den Schlußpunkt setzte er selbst in Form eines rüden Schmähbriefs in Reaktion auf eine freundlich gemeinte, von Schmidt aber als herablassend eingestufte Beurteilung des *Leviathan*-Bandes durch Hesse, den Schmidt zuvor mehrfach gedrängt hat, sich für ihn zu verwenden.

Auch andere Korrespondenzen enden im Zerwürfnis, so vor allem diejenige mit Ernst Kreuder, der Schmidt seit 1951 auf vielfache Weise gefördert hatte – Kreuder hatte sich maßgeblich für die (anteilige) Vergabe des Großen Literaturpreises der Mainzer Akademie der Wissenschaften und der Literatur an Schmidt eingesetzt, für diesen anschließend Kontakte geknüpft, ihm wertvolle Tips für die Erzielung wichtiger Einkünfte bei Zeitungen gegeben und Hilfestellung bei der Umsiedlung nach Darmstadt 1955 gewährt. Schmidt weiß diese Dienste durchaus zu schätzen, belächelt Kreuder allerdings insgeheim in schriftstellerischer wie in menschlicher Hinsicht, und als Kreuder Schmidt im Herbst 1959 bedrängt, den aktuellen Kreuder-Roman *Agimos* zu rezensieren, kommt Schmidt der Bitte zwar schließlich nach, hält aber im Rezensionstext mit seiner Meinung so wenig hinter dem Berg, daß Kreuder den Kontakt abbricht. Auch der ausführliche Briefwechsel mit einem weiteren Förderer, nämlich Martin Walser, endet mit Verstimmungen – Auslöser sind diesmal nicht kritische Äußerungen Schmidts, sondern offene Worte seines Gegenübers, über die Schmidt nicht hinwegsehen kann oder mag.

Die Briefwechsel mit Kreuder und Walser sind nicht nur die ausführlichsten, sondern auch die wichtigsten dieses Bandes; ebenfalls wichtig und verhältnismäßig umfangreich, zudem frei von Spannungen und durchweg im Ton freundschaftlichen gegenseitigen Respekts gehalten ist die Korrespondenz zwischen Schmidt und Peter Rühmkorf. Bei anderen der hier versammelten Briefwechsel hingegen wird mehr oder weniger deutlich, daß Schmidt sich seinem jeweiligen Gegenüber nur aus taktischen Erwägungen zuwendet oder sich gleich gar nicht recht auf etwas einlassen mag; das gilt insbesondere für die kürzeren Korrespondenzen in der Abteilung „Vermischte Briefwechsel“, in denen die „Kollegen“ weniger als solche hervortreten, sondern primär als Bewunderer. Der extremste Fall ist derjenige des Kinder- und Jugendbuchautors James Krüss, der Schmidt zweimal anschreibt – Schmidt antwortet beide Male nicht, so daß von einem Brief-„Wechsel“ keine Rede sein kann.

In anderen Fällen hat der Titel des Bandes aus anderen Gründen etwas von einer Mogelpackung an sich. Bei Heinrich Böll, Peter Rühmkorf, Martin Walser und einigen anderen handelt es sich zwar in der Tat um „Kollegen“ Schmidts, die in diesen Briefwechseln aber nicht (oder allenfalls am Rande) in ihrer Eigenschaft als Schriftsteller tätig werden, sondern vornehmlich als Redakteure oder Lektoren. Wir sind naturgemäß froh, diese Korrespondenzen jetzt schon lesen zu dürfen und nicht auf den für einen späteren Zeitpunkt vage angekündigten Band *Briefwechsel mit Archiven, Redaktionen und Verlagen* warten zu müssen, aber dann hätten wir konsequenterweise – um nur einen besonders eklatanten Fall zu nennen – im vorliegenden Band gern auch schon Schmidts ausführlichen Briefwechsel mit Helmut Heißenbüttel gelesen. (In dem früher erschienenen Band mit Schmidts *Briefwechsel mit Alfred Andersch* ist die Korrespondenz mit Anderschs zeitweiligem Assistenten und späterem Redaktionsnachfolger Heißenbüttel nur zum Teil enthalten; es fehlen aufschlußreiche Briefe, vor allem aus den frühen bis mittleren 60er Jahren.) Etwas überspitzt ließe sich sagen, Schmidts wichtigste Schaffenszeit fällt in eine Ära, die auch dadurch gekennzeichnet war, daß ein großer Teil von Schmidts Autorenkollegen im Haupt- oder Brotberuf Redakteure oder Lektoren waren; andersherum versuchten sich viele Redakteure und Lektoren nebenher als Schriftsteller. Die größte Ausnahme war natürlich Schmidt selbst, der nie imstande, aber auch nie bereit gewesen wäre, sich seinen Lebenserwerb in einem Redaktionssessel zu verdienen – Kollege derer, die ihn mit Aufträgen förderten, konnte er immer nur auf Autorenebene sein.

Die *Briefwechsel mit Kollegen* des vorliegenden Bandes sind vom Herausgeber durchgängig kommentiert und werden zudem zur zusätzlichen Erhellung ergänzt durch Auszüge aus den Tagebüchern Arno und Alice Schmidts sowie durch eine bescheiden „Dokumente“ betitelte Abteilung, in der eine Fülle höchst aufschlußreicher Texte der Korrespondenzpartner Schmidts, zuvor nur an verstreuten und teils schwer zugänglichen Orten erschienen, nachgedruckt wird.

In der auf insgesamt acht Bände projektierten Arno-Schmidt-Briefedition stehen jetzt noch vier Bände aus: der seit langem vorbereitete, aber immer wieder verschobene *Briefwechsel mit Hans Wollschläger*[1], der schon genannte *Briefwechsel mit Archiven, Redaktionen und Verlagen*, außerdem ein Band *Familiäre und private Briefwechsel* und schließlich ein Band *Briefwechsel mit Verlegern*. Einige aus dem Zusammenhang gerissene isolierte Kostproben aus diesen wie auch aus den bereits erschienenen Bänden gibt der 2014 von Susanne Fischer und Bernd Rauschenbach herausgegebene Band *„Und nun auf, zum Postauto!“* [2], der Appetit macht, ohne ihn schon stillen zu können.

---

1 Inzwischen erschienen: Arno Schmidt, *Der Briefwechsel mit Hans Wollschläger*, hg. v. Giesbert Damaschke (Berlin: Suhrkamp 2018).

2 Vgl. *»Und nun auf, zum Postauto!« Briefe von Arno Schmidt*, hg. v. Susanne Fischer u. Bernd Rauschenbach (Berlin: Suhrkamp 2013).

Nachweise

Vorfassungen von Teilen dieses Buches erschienen an folgenden Druckorten:

„„Schmidt als Küster an St. Jürgen!"" (und vorgeschaltet „Skrupel") im *Bargfelder Boten*, Lfg. 132-133 (Januar 1989).

„Die Norwegen-Connection" im *Bargfelder Boten*, Lfg. 271-272 (Februar 2004).

„Mit dem Tandem nach Hamburg" in Martin Lowsky (Hg.), *Zettelkasten 31. Aufsätze und Arbeiten zum Werk Arno Schmidts. Jahrbuch der Gesellschaft der Arno-Schmidt-Leser 2015* (Wiesenbach: Bangert & Metzler 2016).

„„Nebelkocherei im Walde"" im *Bargfelder Boten*, Lfg. 422 (April 2018).

„*Der Briefwechsel mit Alfred Andersch*" und „*Briefwechsel mit Kollegen*" in Friedhelm Rathjen, *Arno Schmidt lesen! Orientierungshilfe für Erstleser und Wegweiser im Literaturdschungel* (Südwesthörn: Edition ReJoyce 2014).

„*Der Briefwechsel mit Wilhelm Michels*" u.d.T. „Ein widerlicher Geselle" in der *Zeit* vom 16. Oktober 1987.

„*Der Briefwechsel mit Eberhard Schlotter*" u.d.T. „„Lügen ist doch nun mal mein Beruf"" in der *Basler Zeitung* vom 10. Januar 1992.

Alle aufgenommenen Beiträge wurden zuvor durchgesehen, aktualisiert und erweitert.

rejoyce pocket
Die Taschenbuchreihe in der Edition ReJoyce

Friedhelm Rathjen:
Poe Cooper Thoreau Twain
Drei Studien zu Arno Schmidt und der amerikanischen Literatur des 19. Jahrhunderts
ISBN 978-3-00-055813-9, 10,- €
Arno Schmidt hat gern und heftig gegen Amerika und die amerikanische Literatur polemisiert, doch zu seinen Lieblingsautoren zählte er seit frühen Jahren zwei Amerikaner, nämlich James Fenimore Cooper und Edgar Allan Poe, und Mark Twain, den er ebenfalls früh las, ließ er späterhin die Ehre zuteil werden, daß er ihn für den Vorspruch seines eigenen Romans *Kaff auch Mare Crisium* beklaute. Mit Schmidts Rezeption der drei genannten Autoren beschäftigen sich die Studien des vorliegenden Bandes; außerdem wird der sehr fruchtbare Versuch unternommen, das klassische Aussteigerbuch *Walden* von Henry David Thoreau parallel zu Schmidts Kurzroman „Schwarze Spiegel" zu lesen.

Friedhelm Rathjen:
Der koloniale Blick
Vier Studien zu Arno Schmidt im Spannungsfeld zwischen Seßhaftigkeit und Fremde
ISBN 978-3-947261-00-0, 10,- €
Der Erzähler von Arno Schmidts Robinsonade „Schwarze Spiegel" erklärt, ihn habe „das Leben aus einem Pedanten zum Vaganten gemacht; nicht ohne daß sichs manchmal noch wunderlich genug mischt." Dem entspricht in Schmidts Gesamtwerk ein durchgängiges Spannungsverhältnis zwischen Seßhaftigkeit und Fremde. Schmidts Figuren leiden an verlorener Heimat und suchen ein ihnen gemäßes neues Zuhause, doch gleichzeitig träumen sie von fernen und fremden Welten, die sie in ihrer Phantasie durchstreifen, bevorzugt unter Anleitung von Stoffen aus der Literatur. Wie sie mit den Klischees einer romantisierenden Exotik, aber auch mit rassistischen Versuchungen umgehen, arbeiten die Studien dieses Bandes heraus.

Friedhelm Rathjen:
Der vernetzte Text
Zehn Studien und Miszellen zum *Ulysses* von James Joyce
ISBN 978-3-947261-03-1, 10,- €
Der *Ulysses* von James Joyce gilt aus gutem Grund als größte literarische Leistung des 20. Jahrhunderts. Im Gefüge dieses Romans hängt prinzipiell alles mit allem zusammen, selbst die losen Enden sind mit Raffinesse komponiert und inszeniert. Die Beiträge des Bandes *Der vernetzte Text* gehen beispielhaft einigen ausgewählten Aspekten der Quervernetzung nach. In den Blick genommen werden: die Einführung einer neuen Erzähltechnik, nämlich des inneren Monologs; die Spuren des Eschenstocks von Stephen Dedalus; die Fingernägel von Leopold Bloom; die Tierwelt des Romans; Themen und Figuren der Literaturszene Dublins um 1904; schließlich die Odyssee-Analogien in der Bibliotheksepisode des *Ulysses*.

rejoyce pocket
Die Taschenbuchreihe in der Edition ReJoyce

Friedhelm Rathjen:
Blake Borrow O'Brien
Zwei Quellenstudien zu Arno Schmidts Erzählung „Die Wasserstraße“
ISBN 978-3-947261-06-2, 10,- €
Die ländlichen Erzählungen, die Arno Schmidt in der ersten Hälfte der 60er Jahre schrieb und in dem Band *Kühe in Halbtrauer* veröffentlichte, sind weit mehr als Handübungen für die sich anschließende Arbeit am Großwerk *Zettel's Traum*, dessen Techniken sie vorwegnehmen. Viele Leser schätzen diese kompakten, aber vielfach rätselhaften Erzählungen als geheimen Höhepunkt der Erzählkunst Arno Schmidts. Hier eignet er sich erstmals Elemente der Sprachkunst des späten Joyce an und unterfüttert sie mit Modellen der Psychoanalyse Freuds; hinzu kommen untergründige Strukturierungsweisen, die Schmidt dem von ihm als „Kirchenvater aller modernen Literatur“ ausgemachten Lewis Carroll abschaut. Zu welcher sprachlich-literarischen Virtuosität Schmidt durch diese Impulse gelangt, zeigt sich beispielhaft an der Erzählung „Die Wasserstraße“, einem Gang zu den Quellen nicht nur auf der Handlungsebene, sondern auch im Gewebe der Textur. In zwei Studien führt Friedhelm Rathjen vor, welche Einsichten ins Innenleben des Textes sich aus der Verfolgung nur scheinbar isolierter Zitatsplitter (hier speziell aus der englischsprachigen Literatur) ergeben.

Friedhelm Rathjen:
Hoya Utah Phina
Fünf Studien zu Arno Schmidt und seinen heimlichen Ausflügen in pazifische Gefilde
ISBN 978-3-947261-19-2, 10,- €
Der Band beschäftigt sich mit heimlichen Fluchten des erklärten Reisemuffels Arno Schmidt an Schauplätze, deren genaue Gestalt er sich angelesen hatte oder gedankenspielend ausmalte, im fernen Westen Amerikas oder in der Inselwelt des Pazifik. Mit den Mormonen und Heinrich Albert Oppermann geht es nach Utah, mit den Entdeckungsreisenden Lewis und Clark nach Oregon, mit Robert Louis Stevenson und Fouqué in die Südsee, mit Jules Verne auf eine Insel, die Phina und Fanø zugleich ist und damit Pazifik und Nordsee zusammenkippt..

Friedhelm Rathjen:
Aus den Roßbreiten
Drei Studien zu Arno Schmidts Roman *Die Gelehrtenrepublik*
ISBN 978-3-947261-12-3, 10,- €
Im Sommer 1957 schrieb Arno Schmidt innerhalb von nur vierzehn Tagen den Kurzroman *Die Gelehrtenrepublik*, eine in die Zukunft projizierte Satire auf den Ost-West-Konflikt und gleichzeitig auf die Künstler- und Schriftstellerkolonie Darmstadt. In den drei Studien des Bandes *Aus den Roßbreiten* zeichnet Friedhelm Rathjen zunächst die halsbrecherische Entstehung von Schmidts Roman minutiös nach („The Making of *Gelehrtenrepublik*“), bevor er über die Analyse der Art und Weise, wie Schmidt Impulse zweier von ihm übersetzter Bücher aufnimmt und variiert, zu einer Deutung des Romans gelangt, die die Frage des Menschseins in den Mittelpunkt stellt.

rejoyce pocket
Die Taschenbuchreihe in der Edition ReJoyce

Friedhelm Rathjen:
Nennt mich Ishmael
Sieben Aufsätze und Miszellen zu Leben und Werk von Herman Melville
ISBN 978-3-947261-10-9, 10,- €
Herman Melville wollte die Tragödienkunst Shakespeares und Goethes auf die Lebenswelt seiner Zeit übertragen und löste diesen Anspruch er mit *Moby-Dick; oder: der Wal* ein, dem ersten genuin amerikanischen Meisterwerk der Literatur. Als solches war es seiner Zeit allerdings so sehr voraus, daß die Publikation dem Autor einen Karriereknick bescherte, von dem er sich nie erholte. – Der Band *Nennt mich Ishmael* versammelt Arbeiten zur Biographie, vor allem aber zum Werk Melvilles mit dem *Moby-Dick* im Zentrum. Friedhelm Rathjen betrachtet diesen Roman als vorweggenommenes Werk der literarischen Moderne, analysiert ihn als gebrochene Weltbewältigung im Sinne eines Joyce und eines Beckett und erläutert, warum er ihn auch als solche übersetzt hat.

Friedhelm Rathjen:
Licht und Schatten
Fünf Studien zur literarischen Kunst des Übersetzens
ISBN 978-3-947261-16-1, 10,- €
Friedhelm Rathjen, nach Meinung der *Welt* „Deutschlands sturster Übersetzer“, wohingegen die *Rheinische Post* ihn „zu den gestrengen Dienern fremder Sprachen zählt“, legt hier anhand ausgewählter Beispiele aus der Weltliteratur seine Sicht auf Ziele, Chancen und Risiken literarischen Übersetzens dar. Im Zentrum stehen Texte von Mark Twain, James Joyce und Samuel Beckett; Abgrenzungen erfolgen gegenüber Konzepten von Ezra Pound und Arno Schmidt.

Friedhelm Rathjen:
Wege und Wüsten
Zehn Studien, Vorträge und Miszellen zu Samuel Beckett
ISBN 978-3-947261-20-8, 10,- €
Samuel Beckett war zeitlebens eine Geher; schon in jüngsten Jahren begeisterte er sich dafür, an der Seite seines bewegungssüchtigen Vaters über die kahlen Buckel der Wicklow-Berge südlich von Dublin zu wandern, und noch im Alter konnte er stundenlang durch Paris laufen. Das wäre kaum der Rede wert, gäbe es nicht auch in Becketts zur Erstarrung neigendem Werk überall Straßen, Wege und Pfade, die die Figuren entlang schlurfen, ohne wirklich an irgendein Ziel zu geraten, oder wo sie auf etwas warten, das nie kommt. Und doch geht es immer weiter, das vielbeschworene Ende wird nicht erreicht. Im Grunde entspringt Becketts gesamtes Werk dem Entschluß, da weiterzugehen, wo ein Weg erschöpft scheint. Beckett verbaut sich planmäßig alle Wege, alle Möglichkeiten, er zwingt sich dadurch, in der Konzentration auf den ganz eigenen Ort durchzuhalten, grandios scheiternd zwar, doch ohne jemals aufzugeben. Die Wege Becketts sind unerschöpflich.